中国印象

丛书主编　张玉金

# 汉字与神话

邹秋珍　编著

暨南大学出版社
JINAN UNIVERSITY PRESS

中国·广州

图书在版编目（CIP）数据

汉字与神话/邹秋珍编著. —广州：暨南大学出版社，2015.4（2023.4 重印）
（汉字中国）
ISBN 978 - 7 - 5668 - 1265 - 0

Ⅰ. ①汉⋯　Ⅱ. ①邹⋯　Ⅲ. ①汉字—研究　Ⅳ. ①H12

中国版本图书馆 CIP 数据核字（2014）第 252042 号

汉字与神话

HANZI YU SHENHUA

编著者：邹秋珍

·······················································································

出 版 人：张晋升
策划编辑：杜小陆　刘　晶
责任编辑：黄志波
责任校对：王嘉涵
责任印制：周一丹　郑玉婷

出版发行：暨南大学出版社（511443）
电　　话：总编室（8620）37332601
　　　　　营销部（8620）37332680　37332681　37332682　37332683
传　　真：（8620）37332660（办公室）　37332684（营销部）
网　　址：http://www.jnupress.com
排　　版：广州良弓广告有限公司
印　　刷：佛山市浩文彩色印刷有限公司
开　　本：850mm×1168mm　1/32
印　　张：5.5
字　　数：113 千
版　　次：2015 年 4 月第 1 版
印　　次：2023 年 4 月第 2 次
定　　价：25.00 元

（暨大版图书如有印装质量问题，请与出版社总编室联系调换）

# 总　序

当人类从野蛮跨入文明，一些民族发明并使用了文字。如巴比伦人的楔形文字、埃及人的象形文字、玛雅人的图形文字等。我们的先人，同样也发明并使用了象形文字。

然而到了今天，其他几种古老的文字体系都消亡了，只有我们的汉字至今还存活着，并呈现出勃勃的生机。在可以预见的将来，它都不太可能被废弃。这是为什么？

传说汉字是四目的仓颉所造的。他创造文字之后，"天雨粟，鬼夜哭"，真是惊天地、泣鬼神的壮举。即使在今天，还有人把汉字的创造看成是中国人的第五大发明。的确，汉字对中华民族的贡献，怎样评价都不过分。

汉字具有超时代性，使我们后人很容易继承先人所创造的伟大文明。中华民族生生不息，中华文明薪火相传，绵延不绝。汉字居功至伟。

汉字具有超地域性，使得居于不同地域、操不同方言的人们能顺利交流，维系着我们国家的统一和民族的团结。汉字功不可没……

汉字身上，蕴藏着无穷无尽的奥秘，等待着我们去探究。

然而以往对汉字的研究，多是就汉字研究汉字，如研究汉字的本义和形体结构，探究汉字的起源、发展、结构等。有时就汉语研究汉字，探讨汉字与汉语的关系。

近些年来，一些学者开始研究汉字自身所具有的文化意义，探讨汉字与中国文化的关系。

但是，到目前为止还没有人从中国文化生态系统的角度来研究汉字。本丛书就是从中国文化生态系统的角度来研究汉字的。

所谓中国文化生态系统是指由影响中国文化产生和发展的自然环境、科学技术、经济体制、社会组织及价值观念等变量构成的完整体系。人类的活动是社会的主体，人类的文化创造可以划分为科学技术、经济体制、社会组织及价值观念四个层次，这些因素构成文化生态系统的结构模式。与自然环境最近、最直接的是科学技术一类智能文化；其次是经济体制、社会组织一类规范文化；最远是价值观念。对人类的社会化影响最近、最直接的是价值观念；其次是社会组织、经济体制；最远的是自然环境，它对人类社会化的影响是通过经济体制、社会组织及价值观念等中间变项来实现的。

汉字是一种文化现象，所以可以从中国文化生态系统的角度来研究汉字。把汉字与中国文化生态系统联系起来，考察汉字所赖以产生的整个文化生态系统及其对汉字的影响，考察汉字中蕴含的中国社会结构、经济土壤、文化系统和自然环境等各方面的信息。

　　本丛书的创新点，不是仅就汉字论汉字、仅就汉语论汉字，也不是仅就中国文化来论汉字，而是联系它所赖以产生的整个文化生态系统，从而达到对汉字的更为深入全面的剖析。

　　本丛书从汉字与人、汉字与社会、汉字与经济、汉字与文化、汉字与自然五个大的角度来研究汉字，共提出39个研究子课题，每个子课题都写成一本小书。这些子课题如下：

　　一、人：汉字与人体。

　　二、社会：汉字与婚姻家庭、汉字与宗法、汉字与职官、汉字与战争、汉字与汉语。

　　三、经济：汉字与农业、汉字与渔猎、汉字与手工业、汉字与贸易。

　　四、文化：

　　（一）物质文化：汉字与饮食、汉字与服饰、汉字与建筑、汉字与交通、汉字与玉石、汉字与文房四宝。

　　（二）制度文化：汉字与刑法、汉字与度量衡。

　　（三）精神文化：汉字与乐舞、汉字与书法艺术、汉字与神话、汉字与对联、汉字与数目、汉字与医疗、汉字与色彩、汉字与经典。

　　（四）心理文化：汉字与民俗、汉字与姓名、汉字与避讳、汉字与测字、汉字与字谜、汉字与宗教、汉字与道德、汉字与审美、汉字与思维。

　　五、自然：汉字与植物、汉字与动物、汉字与地理、汉字与天文。

　　本丛书的读者对象是具有高中及以上学历的学生和一般国人，也包括学习汉语汉字的海外华人、外国学生和一般外国人。

　　全面揭示汉字所蕴含的中国文化生态系统信息，可以让普通民众和大中学生对我们天天使用的汉字有更为深入的了解，有利于提高基础教育和高等教育的水平，有利于提高中华民族的科学文化水平；还可以让学习汉语的外国学生和一般外国人对汉字及其背后的文化生态系统，特别是两者的关联有更多的了解，这有利于汉字汉语汉文化走向世界。

张玉金

2014. 12

# 前　言

汉字是世界上最古老的文字之一，它不但承载了我们几千年的历史，而且是从古到今人们进行沟通的重要手段。汉字作为中国传统文化的重要组成部分，其产生、发展都离不开中华民族传统文化这一大背景。而神话是人类处于氏族社会阶段所产生的一种艺术形式，是在生产力发展水平较低的时代背景下人类重要的思想文化结晶。古代神话与传说是中国传统文化生态系统的重要组成部分，是先民创制汉字的重要材料，其必然会对汉字产生影响。依据古代神话与传说创制的汉字，鲜明地反映了华夏初民生产、生活、思想和文化等领域的某些真相，为我们了解上古社会人们的生产、生活方式和研究上古时期的精神文化提供了重要的线索。

《汉字与神话》一书主要以甲骨文、金文等古文字材料和历代文献典籍为语料，参照训诂学、文献学、考古学、民俗学等学科的研究成果，坚持文字、文化、神话三者互相求证的原则，试图对一系列与神话相关的汉字结构部件进行解析和文化解读，以此来挖掘上古社会神话传说的奥秘，从神话记载中揭示汉字文化，在吸收、借鉴前人时贤的研究成果的同时，指出前人研究过程中存在的一些疏漏和偏差，并提出自己的见解。本书的基本内容包括：①与创世神话相关的汉字研究；②与三皇神话相关的汉字研究；③与夏商周始祖神话相关的汉字研究；④与自然神话相关的汉字研究；⑤与英雄神话相关的汉字研究。

汉文化知识的普及对古汉语文字学读物的通俗性和趣味性提出了较高的要求，从已出版的著作来看，大部分读物难以满足大众化的需求。在浩如烟海的汉字文化书籍中，想要找到真正把知识性、通俗性、教育性和趣味性融为一体的汉字文化书籍，并非易事。也正因为如此，汉字文化书籍经常给人一种望而生畏的感觉。晦涩难懂的古代文字，文言文的表述方式，使得汉字文化研究与大众读者之间产生了鸿沟。

如何使汉字文化研究从专业研究者的书架走入大众视野，如何使普通读者了解历史悠久的汉字文化，探究古代神话背后的汉字故事，是古汉语研究者应该解决的问题。笔者以古文字材料和历代典籍语料为依据，用平实的语言来解析一个个神话故事，通过对汉字的解析来展现中国古代神话的文化精神。以通俗的语言描述神话中的汉字文化，通过对汉字文化的解读来描述神话故事，刻画人们熟悉的神话人物，是本书力求突出的特点。另外，为使中国古代神话能直观地展示在读者眼前，笔者在编写本书时还邀请了广州大学华软软件学院数码媒体系的谢诗晴、郑申、卢雅文、余柯迪等同学为本书绘制了珍贵的图片。总之，向广大读者奉上一本人人都能读懂的解析汉字与神话的读物，是笔者的心愿。

　　本书是在恩师张玉金教授的精心和严格指导下完成的，从资料的收集、提纲的拟写、初稿的撰写乃至后期的修改和润色都凝结着恩师的汗水和智慧。自从走上工作岗位以来，恩师严谨的治学态度、渊博的学识及勤勉的工作作风一直熏陶着笔者，激励着笔者不断前行。谨在此向恩师表达深深的崇敬之情！

　　中华文化源远流长，资料繁多，笔者才疏学浅，也因时间仓促，书中疏误之处在所难免，敬请专家、学者以及读者批评指正。

　　另外，需要说明的是，因时间关系，书中部分插图未能联系上相关作者，如有疑虑，请联系暨南大学出版社，届时会以一定的形式表示感谢。

邹秋珍

2014. 12

# 目 录

# 一、汉字与神话

## （一）汉字的起源

汉字源远流长，是世界上最古老的文字之一，也是中华文明不可缺少的一部分，它不但承载了我们几千年的历史，而且是从古至今人们进行沟通的重要手段。我们现在能见到的最古老而又完备的汉字，是殷墟甲骨文，它是商代人使用的文字，距今已有三千多年。而汉字产生的年代应该比甲骨文早得多。关于汉字的产生，曾有多种说法。

### 1. 结绳说

结绳记事是汉字起源最早的说法。《周易·系辞下》："上古结绳而治，后世圣人易之以书契。百官以治，万民以察。"意思是上古时代没有文字，人们用结绳来帮助记忆，到了后世，圣人才用文字取代了结绳。其记事的方法，古书有记载，即"事大，大结其绳；事小，小结其绳。结之多少，随物众寡"，就是根据事件的性质、规模或所涉数量的不同系出不同的绳结，打结的位置和

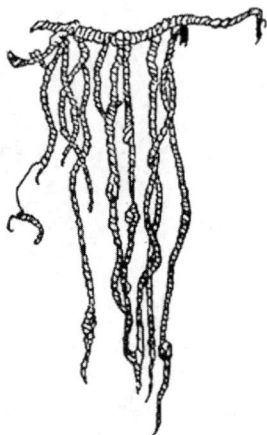

**结绳记事**

绳结的不同形状代表不同的含义。

"十"字的甲骨文为"丨"（一竖画），像一根用于记事的垂悬的绳子。金文承袭了甲骨文的字形，有的金文如"丨"，在绳上加一圆点，表示指事符号，它的构形反映了古人计数的方法。据人们推测，先民用绳子记事时，大概是用一根绳子表示"一"，两根绳子表示"二"，三根绳子表示"三"。数字多了，记数所用绳子太多，数起来不方便，因而就用一根较长的绳子，在上面打上绳结，一个绳结表示"十"。受此启发，古人便造出了"十"字。有学者认为金文"十"字的创制大概是受结绳记事的启发。

除了我国，古埃及、古波斯、非洲、澳洲的土著人也曾结绳记事。而据民族学研究资料，近现代有些少数民族仍采用结绳的方式来记录客观活动。这表明结绳是帮助记忆、传递消息的方式，曾被广泛使用。但是绳结所记之事，只是结绳者本人所要表达的思想，只有结绳者本人才知道自己是为何事而结，这样就有很大的局限性，不能广泛传播。此外，结绳记事仅凭结绳人自己的记忆，只能在自己的继承人中传承。而且结绳是利用实物来记事，不能直接发展为文字，所以只能看作文字发明前的探索。

### 2. 八卦说

八卦最初是上古时期人们记事的符号，《周易·系辞下》记载："古者包牺氏之王天下也，仰则观象于天，俯则观法于地，观鸟兽之文，与地之宜，近取诸身，远取诸物，于是始作八卦，以通神明之德，以类万物之情。"又许慎《说文解字序》："古者庖牺氏之王天下也，仰则观象于天，……于是始作《易》八卦，以垂宪象。"古籍里还有伏羲氏得景龙之瑞，龙马跃出孟

伏羲八卦（先天八卦）

河，马背负一图，伏羲将它记录下来而得河图的记载。伏羲氏作为中华民族的祖先，不仅在生产技术上有了自己时代的发明，而且在人本文明上发明了八卦。对于伏羲创造八卦这一点，中国史籍都是持肯定态度的。

那么，伏羲是怎样创造八卦符号的呢？《太平御览》曰："伏羲坐于方坛之上，听八风之气，乃画八卦。"以"──"为阳，以"─ ─"为阴，组成八卦：乾为天、坤为地、震为雷、巽为风、坎为水、离为火、艮为山、兑为泽，以类万物之情。八卦分据八方，中绘太极之图。《易传》认为八卦主要象征天、地、雷、风、水、火、山、泽八种自然现象，并认为"乾"和"坤"两卦在八卦中占据特别重要的地位，是自然界和人类社会一切现象的根源。八卦最初是一种记事符号，后被用为卜筮符号。古人常把

八卦图作为除凶避灾的图案。

### 3. 契刻说

契刻，即用刀在木片或竹片上刻出一些线条或锯齿来记事的方法。刘熙《释名·释书契》曰："契，刻也，刻识其数也。"世界上的许多民族，包括华夏民族，都经历了契刻记事这一过程。对此，古籍中均有记载。郑玄注《周易·系辞下》曰："书之于木，刻其侧为契，各持其一，后以相考合。"孔安国在《尚书序》中说："古者伏牺氏之王天下也，始画八卦，造书契，以代结绳之政。"上述所说的"契"就是古人用来记事的契刻。这种古人的契刻，在后世出土的文物中还可以找到证据。考古学家们曾在仰韶文化遗址里发现了很多长方形的骨片，上面有的刻有锯齿，有的刻有线条。考古学家们认为，这些文物大概就是古代的"契刻"，即书契。汉字"契"的造字特点，也反映了古人用契刻记事的史实。甲骨文的"契"写作"𰀀"，左边的"𰀁"像纵横交错的刻纹，右边的"𰀂"为刻刀，其造字本义为：用刀具在木片等器物上刻画记号。

### 4. 图画说

这一说法认为文字是起源于图画的。鲁迅在《门外文谈》中说："他（原始人）的画一只牛，是有缘故的，为的是关于野牛，或者是猎取野牛，禁咒野牛的事。……有的在刀柄上刻一点图，有的在门户上画一些画，心心相印，口口相传，文字就多起来，史官一采集，便可以敷衍记事了。"这里形象地讲述了汉字的起源。也就是说，图画是用来记事、表示意思的，它和文字的发展有着直接的关系，但不能说图画就是文字。只有当图画的线条趋于简单一致，能够读出音来，即由一定的图形与一定的语言单位相结合并且固定下来，表示一个确定意思的时候，它才成为最初的文字。那么，记事符号在漫长的历史发展过程中，哪个阶段只能算是图画，哪个阶段是图画和文字参半，哪个阶段才算是文字呢？从图画发展到文字，其演化过程大致为：图画→文字性图画→图画性文字→文字。而且文字的诞生应该是一个漫长的过程，一定的图形与一定的语言单位建立起一种确定的关系也应该是一个历史过程。东巴文字的创制与图形的关系，也说明图画和文字之间有着这样的一个过渡阶段。

既然上古的结绳和契刻能被先民创制的汉字所吸收，那么，上古时期人们创制的图画，也会被先人们引入汉字之中。一些出土文物上取材于古代神话的图形，就与汉字有一定的渊源。如长沙马王堆一号墓出土的西汉帛画，这幅帛画作于约公元前168年，画上部象征着天界，太阳中有乌鸦，月亮中有蟾蜍，月亮旁还有玉兔和嫦娥。扶桑树上有一个小太阳，日月之间有人首蛇身的神。两侧各有一条张口吐舌的"应龙"，神龙、神鸟和异兽相衬，显示出天界的威严和神圣。画下部华盖据考古学家们考证可能是风神飞廉，末端绘有两条交互的大鱼。大鱼上站立的巨人，一说是治水的鲧，一说是海神禺强。
这幅画将一段内容复杂的神话浓缩于
许多单一的图形之中，每一个图形代
表一个神话。因此，这幅画几乎成了
一幅反映古代神话的巨型画卷。其中
的每一幅图案都与早期的汉字非常相
似。早期的汉字尤其是象形字，虽然
不是图画，但大多从图画简省而来。

### 5. 仓颉造字说

关于汉字的起源，流传最广的说
法是仓颉造字。

仓颉，这位史前传说人物，在战
国以前的典籍中均未提及。最早提及

西汉马王堆一号墓 T 形
帛画，藏于湖南省博物馆

仓颉者，是战国时期的荀卿。《荀子·解蔽》曰："好书者众矣，
而仓颉独传者，一也。"《吕氏春秋·君守》亦言："奚仲作车，
仓颉作书。"《韩非子·五蠹》："昔者仓颉之作书也，自环者谓之
厶（私），背厶（私）谓之公。"秦代李斯所作《仓颉篇》首句
即为"仓颉作书，以教后嗣"。

汉代后，"仓颉造字"开始出现神化的倾向。

一是"仓颉造字"功用的神化。《淮南子·本经训》："昔者
仓颉作书，而天雨粟，鬼夜哭。"对"天雨粟，鬼夜哭"一句的

解释，学者们有不同的看法。高诱注："仓颉始视鸟迹之文，造书契，则诈伪萌生；诈伪萌生，则去本趋末，弃耕作之业，而务锥刀之利。天知其将饿，故为雨粟。鬼恐为书文所劾，故夜哭也。"按高诱的说法，仓颉造字使得百姓放弃耕种，土地荒芜，上天为此"雨粟"赈饥，鬼害怕其罪恶被揭发，因而在夜里哭泣。宋人陆佃在《鹖冠子·王铁》中解说："《传》曰：'仓颉作书，鬼夜哭，天雨粟。方是之时，至德衰矣。'"这也说明，仓颉发明文字是一件惊天动地的大事，其影响之大，上至苍冥，下至幽灵，惊天地，泣鬼神。

二是仓颉形象的神化。仓颉既然能够创造汉字，其必有超乎寻常的智慧和与众不同的体貌。而且中国的神话传说往往把某种发明归于有神秘性的"文化英雄"，这也符合中国传统的思维模式与定式。《论衡·骨相篇》载："仓颉四目，为黄帝史。"《隶释》引汉熹平六年（177）《仓颉庙碑》曰："仓颉，天生德于大圣，四目灵光，为百王作宪。"《春秋元命苞》："仓帝史皇氏，名颉，姓侯冈，龙颜侈侈，四目灵光，实有睿德，生而能书。及受河图录字，于是穷天地之变，仰观奎星圆曲之势，俯察龟文鸟羽山川，指掌而创文字。"《春秋·演孔图》："仓颉四目，是谓并明。"传说仓颉长着四只眼睛，具有超人的视力，面相奇异，能仰观天象，俯察地理，辨鸟兽之迹，见人所不能见。

到了汉代的《纬书》，仓颉的形象被进一步渲染。《吕氏春秋·君守》："仓颉作书"，高诱注："仓颉生而知书，写仿鸟迹以造文章。"《淮南子·修务训》："史皇产而能书",高诱注："史皇仓颉,生而见鸟迹,知著书。"这些记载都说仓颉生下来就能创造文字,也为仓颉的身世披上了一层更为神秘的面纱。

大多学者认为,仓颉为黄帝的史官。《世本·作篇》："沮诵、仓颉作书。"宋衷注曰："沮诵、仓颉,黄帝之史官。"《说文解字序》："黄帝之史仓颉,见鸟兽蹄迒之迹,知分理之可相别异也,初造书契。"段注曰："按史者,记事者也,仓颉为记事之官,思造记事之法,而文生焉。"《帝王世纪》也说,黄帝"其史仓颉,又取象鸟迹,始作文字。史官之作,盖自此始。记其言行,策而藏之,名曰书契"。也有文献记载仓颉为李官(即法官)的,如《鹖冠子·近迭》："鹖冠子曰:仓颉作法,书从甲子,成史李官。"不论是仓颉为黄帝的史官的传说,还是仓颉为李官的传说,仓颉对文字的贡献都是可以得到公认的。

那么,汉字是否真为仓颉所发明创造的呢?从上述文献,我们发现古人对仓颉造字持有不同的看法。一种观点认为,仓颉"生而能书",意即生下来就能创造文字,文字的发明纯属仓颉的个人行为。另一种观点认为,文字的发明是一种社会行为,即"众矣",如《荀子·解蔽》曰:"好书者众矣,而仓颉独传者,一也。"除了仓颉,沮诵也"作书",如《世本·作篇》:"沮诵、仓颉作书。"

王宇信在《仓颉"始作文字"的传说及其史影》中提出,不同地区的不同部族,由于社会发展的需要,都有可能创造记录语言的文字。但由于某些"文字"使用不便，不能准确地记录语言，所以不能在较广泛的范围内应用。而仓颉所造的文字能传承下来，应是他在前人创造和使用文字的基础上，以他超人的智慧和创造力加以科学整理和规范化的结果，即经过"一也"并大力推广，使其成为约定俗成的文字，方便口头语言的记录和表达，因而能流传下来。

因此，汉字的创造发明，绝不是一人之力和一时之功所能完成的，而是古代智者长期探索和反复汰劣选优的过程，是社会发展到一定阶段的产物，是集体智慧的结晶。如果历史上真有仓颉，他可能也是文字的采集者，或是古代整理文字的一个代表人物，是众多为汉字发明作出贡献的"圣者"的代表和象征。《说文解字序》中记载："仓颉之初作书，盖依类象形，故谓之文；其后形声相益，即谓之字。"仓颉曾把流传于先民中的文字加以搜集、整理和使用，在创造汉字的过程中起到了重要的作用，为中华民族的繁衍和昌盛作出了不朽的功绩。

## （二）神话的概念及其在上古文献中的记载

"神话"一词，在中国古书里是没有的，但有跟"神话"意义相近的"神"、"怪"、"异"等字，如《庄子·逍遥游》："《齐谐》者，志怪者也。"《春秋公羊传·隐公三年》："何以书？记异也。""神话"是一个外来词，大致是从西欧被翻译到日本，然后又从日本移植到中国的。据袁珂先生考察，中国最早使用"神话"一词的是蒋观云，这个词出现在其于 1903 年发表在《新民丛报》上的《神话、历史养成之人物》一文中。那么，到底什么是神话？如何给神话下一个准确科学的定义？

1923 年，鲁迅先生在《中国小说史略》中写道："昔者初民，见天地万物，变异不常，其诸现象，又出于人力所能以上，则自造众说以解释之：凡所解释，今谓之神话。"显然，鲁迅把神话看作原始先民对自然现象的一种解释。茅盾先生在《中国神话研究初探》中认为："我们所谓神话，乃指：一种流行于上古民间的故事，所叙述者，是超乎人类能力以上的神们的行事，虽然荒唐无稽，但是古代人民互相传述，却信以为真。……据最近的神话研究的结论，各民族的神话是各民族在上古时代（或原始时代）的生活和思想的产物。神话所述者，是'神们的行事'，但是这些'神们'不是凭空跳出来的，而是原始人民的生活状况和心理状况之必然的产物。"按照传统的观念，我们习惯在"神话"一词之前加一个时间限制词——"古代"，一提到神话，总会自然地想到古代。是的，古代神话产生于原始社会野蛮时期的低级阶段，到奴隶社会逐渐衰亡，这是我们对"神话"一词的狭义理解。

袁珂先生给神话下了一个广义的概念。袁先生认为，广义的神话包括九个部分，分别是：第一部分即主要的部分，是神话因素最浓厚、一望而知是神话的神话，如夸父逐日、精卫填海等。

第二部分即次要的部分，是传说。许多神话故事往往是神话里有传说，传说里也有神话，所以属于传说的这一部分，也包括在神话的领域内。第三部分是历史，即具有神话因素的历史或历史化了的神话，如武王伐纣、李冰治水、少昊以鸟名官等。第四部分是仙话，仙话中比较积极和有意义，而且有民间传说凭依的，自然也包括在神话的领域内，如嫦娥窃药奔月、八仙过海等。第五部分是怪异之谈，如江郎神、天公狗和太岁等。第六部分是一些带有童话意味的民间传说，如十兄弟、吴洞金履等。第七部分是来源于佛经的神话人物和神话故事，如哪吒闹海、天女散花等。第八部分是关于节日、法术、宝物、风习和地方风物等的神话传说。第九部分是少数民族的神话传说。这九个部分就是中国广义的神话领域内所包含的内容。在此基础上，袁先生给"神话"下了一个简单明了的定义：神话是非科学但联系着科学的幻想的虚构，它通过幻想的三棱镜反映现实生活并对现实生活采取革命的态度。古代神话产生于母系氏族社会时期，起初它是简单的、零散的，后来逐渐汇为比较复杂的整体，并和历史紧密结合起来。它发展到奴隶社会初期便登峰造极。此后，当有文字的历史记载开始出现的时候，古代神话就逐渐消亡了。本书主要以古代神话为研究对象，也就是袁珂先生广义的神话里的第一个类别。

现存的先秦汉初的文献典籍中保存了神话文本的大致有《山海经》、《楚辞》、《淮南子》、《尚书》、《诗经》、《周易》、《左传》、《国语》、《世本》、《列子》、《庄子》、《墨子》、《韩非子》、

《吕氏春秋》等。《山海经》是一部保存神话资料最丰富的书，而且其内容也比较接近原始面貌。此书中所记载的，大多是万物有灵论时期的自然崇拜、图腾崇拜等神话，所有的神灵大都是半人半兽的模样，这便是对原始自然神的初步拟人化。《穆天子传》是先秦时期一部以神话为材料的神话性质的历史小说。先秦时期，取材于神话而创作的文学作品，除了《穆天子传》之外，还有《诗经》和《楚辞》。《诗经》里面就有两则记载神性英雄"感天而生"的神话故事，即殷商始祖"天命玄鸟，降而生商"和周始祖后稷降生的故事。先秦及汉初的神话材料，在《尚书》、《左传》、《国语》和《史记》等历史书籍中也保留了不少。另外，在先秦诸子的著作中，不论是法家的《韩非子》，儒家的《孟子》、《荀子》，墨家的《墨子》，道家的《庄子》，还是秦末汉初杂家的《吕氏春秋》和《淮南子》，都有一些神话传说材料的零星片段或全文保存在里面。

## （三）从古文字的角度分析神话的含义

　　申 shēn　　"申"字，甲骨文作"⟡"或"⟡"，像神秘而令人惊恐的闪电，"申"是"神"和"电"的雏形字。《说文·申部》："申，神也。"在西周铭文中，从"示"的"神"和非从"示"的"申"为同用字，

"神"字的写法跟甲骨文的"ᶜ"相同。郭锡良《汉字古音手册》认为，在古文中，"神"（dzǐen）与"电"（dien）是同音字。许慎说："申，电也。"申电同文。"神"是从"申"字发展而来的。罗振玉先生将"申"字解释为"从电象形加点，象雨滴"。叶玉森先生将"ᶜ"字的点释为雨滴，而将"ᶜ"字的卯释成冰雹；古人认为打雷、闪电、下雨是至高无上的天神所操纵的。当"申"字的"闪电"和"天神"意义消失后，篆文再加"雨"另造"電"、加"示"另造"神"来代替。《说文·示部》："神，天神，引出万物者也。从示、申。"郑玄注："天神，谓五帝及日月星辰也。"神是天所生的并所赐降的要素，故《周易·系辞上》曰："天生神物。"荀子在《天论篇》中也云："天职既立，天功既成，形具而神生。"《楚辞·山鬼》："杳冥冥兮羌昼晦，东风飘兮神灵雨。"《论衡·龙虚篇》："天地之间，恍惚无形，寒暑风雨之气乃为神。"可见，古人对"神"的解释已具有神话的色彩。

汉字作为中国传统文化的重要组成部分，其产生、发展都离不开中华民族传统文化这一大背景。古人很早就注意到了汉字与传统文化之间的联系，古文献中保存了许多根据文化来解说汉字或通过汉字来探讨有关文化现象的内容。随着甲骨文、金文研究的进一步深入，汉字的文化价值也逐渐为人们所认识。许多学者开始根据甲骨文、金文的字形来探索古代历史，对史前社会、殷周社会的各种文化现象作出种种推测，或与史书相印证，提出新的看法和见解。而神话是人类处于氏族社会阶段所产生的一种艺术形式，是在生产力发展水平低下的时代背景下人类重要的思想文化结晶。古代神话与传说是中国传统文化生态系统的重要组成部分，是先民创制汉字的重要材料，其必然会对汉字产生影响。依据古代神话与传说创制的汉字，鲜明地反映了华夏初民生产、生活、思想和文化等领域的某些真相，为我们了解上古社会的生产、生活方式和研究上古时期的精神文化提供了重要的线索。

本书主要以甲骨文、金文等古文字材料和历代文献典籍为语料，参照训诂学、文献学、考古学、民俗学等学科的研究成果，坚持文字、文化、神话三者互相求证的原则，试图对一系列与神话相关的汉字结构部件进行解析和文化解读，以此来挖掘上古社会神话传说的奥秘，从而更广泛地了解先民积淀下来的精神文化，进而揭示我国上古神话传说的深刻内涵。其基本内容包括：

（1）与创世神话相关的汉字研究。如与盘古神话、女娲神话相关的汉字文化的研究。

（2）与三皇神话相关的汉字研究。如与伏羲神话、炎帝神话、黄帝神话相关的汉字文化的研究。

（3）与夏商周始祖神话相关的汉字研究。如与夏始祖神话、商始祖神话、周始祖神话相关的汉字文化的研究。

（4）与自然神话相关的汉字研究。如与洪水神话、日月神话、雷神话、虹神话相关的汉字文化的研究。

（5）与英雄神话相关的汉字研究。如与夸父逐日神话、后羿射日神话相关的汉字文化的研究。

## （四）研究"汉字与神话"的方法

### 1. 文献分析法

通过搜集和阅读大量汉字文化与中国古代神话传说方面的著作、文章等文献材料，逐步深化对汉字文化的科学认识，提升理论水平。

### 2. 调查统计法

通过阅读甲骨文、金文等古文字材料和历代典籍语料，参照训诂学、文献学、考古学、民俗学等学科的研究成果，找出与古代神话传说相关的汉字。

### 3. 互证法

以考索字的形音义为前提，坚持文字、文化、神话三者互相求证的原则，对一系列与神话相关的汉字结构部件进行探索性研究和文化解读，并从汉字本身形体的视角窥探上古社会神话传说的奥秘，从神话记载中揭示汉字文化。

### 4. 比较法

在吸收、借鉴前人时贤的研究成果的同时，指出前人在研究过程中存在的一些疏漏和偏差，并提出自己的见解。

# 二、创世神话

## （一）盘古神话的相关汉字解析

### 1. 盘古开天辟地

盘古是古史传说中开天辟地的创世主神，但其见诸文字并不早，一般认为是在三国时吴人徐整所作《三五历纪》中才出现的。接着在南朝梁任昉所著《述异记》以及清马骕《绎史》卷一引《五运历年纪》中均有盘古开天辟地的创世神话。有的学者据

**盘古像**

《述异记》所载的"秦汉间俗说"、"先儒说"、"古说"及"吴楚间说"等种种与盘古相关的传说，认为盘古的名字虽然在三国时才见于经传，但口头流传很早，并断定盘古神话产生的年代当早于秦汉。

《艺文类聚》卷一引徐整《三五历纪》云："天地混沌如鸡

子，盘古生其中。万八千岁，天地开辟。阳清为天，阴浊为地。盘古在其中，一日九变。神于天，圣于地。天日高一丈，地日厚一丈。盘古日长一丈，如此万八千岁。天数极高，地数极深，盘古极长。后乃有三皇。"这则神话意蕴深厚，表达了中国古代哲学的基本观点：天地未分，混沌元气，万物之源，阴阳二气，天地两仪。

**盘古开天辟地**

清马骕《绎史》卷一引《五运历年纪》曰："首生盘古，垂死化身，气成风云，声为雷霆，左眼为日，右眼为月，四肢五体为四极五岳，血液为江河，筋脉为地理，肌肉为田土，发髭为星辰，皮毛为草木，齿骨为金石，精髓为珠玉，汗流为雨泽，身之诸虫，因风所感，化为黎氓。"任昉《述异记》说："昔盘古之死也，头为四岳，目为日月，脂膏为江海，毛发为草木。秦汉间俗说：盘古氏头为东岳，腹为中岳，左臂为南岳，右臂为北岳，足为西岳。先儒说：盘古氏泣为江河，气为风，声为雷，目瞳为电。古说：盘古氏喜为晴，怒为阴。吴楚间说：盘古氏夫妻，阴阳之始也。"其文大同小异，意即盘古的肢体躯干化作世间万物，这使盘古"开天辟地"的过程变得更加具体。

2. 从汉字学的角度看"盘古"

盘古这个神话人物名称的含义，清末学者俞樾曾在《释盘古》中探讨过："盘古者，元气之名，犹盘互也。《汉书·谷永传》：'百官盘互。'师古注：'盘互，盘结而交互也。'古与互同部字。"俞氏说盘古是元气之名，盘古指的是元气，古人把元气想象成盘结交互的样子，从而用盘古指元气。徐整《五运历年纪》中也有盘古由元气生成的说法："元气蒙鸿，萌芽兹始，遂分天地，肇立乾坤。启阴感阳，分布元气，乃孕中和，是为人也。首生盘古，垂死化身。"

**盘（盤）** pán "盘"字，甲骨文作"𦉥"，由"𦨕"（般）和"𠙴"（口，盛器）组成。般，既表声也表义，有旋转的意思。《说文·舟部》："般，从舟从殳，殳所以旋也。"在古汉语中，"般旋"、"盘桓"都有旋转之意。《方言》卷一、《广雅·释诂》都说"般"有大义。"盤"这个形声字以"般"作声符，与"般"同音，成为它的通假字，也有大义。《荀子·富国》云："国安于盘石。"盘石就是大石。"盘"的异形字是"槃"，也与"般"音同通假而有大义。《仪礼·士冠礼》云："周弁，殷冔，夏收。"郑玄注："弁，名出于槃。槃，大也，言所以自光大也。"《山海经·大荒北经》云："有槃木千里。"槃木即大木。盘古即大古，也就是太古。

　　盘古既然出现于人类遥远的太古时代，那么究竟是什么时代呢？我们同样可以从"盤"字中发现其中的奥秘。"盤"字是一个形声字，下边"皿"是其义符，器皿是人类发展到一定阶段的产物，许多原始民族都会用原始的东西来作为器皿。"般"是声符，兼表义；"殳"应该是一种最原始的工具，是一根木制的、头上有刃的东西，可以用来打鱼。因此，我们可以这样认为，"盘古"一词的出现，已经是在经济发达到了一定程度的阶段，应该是新石器时代。在这个时代，人们开始制造小舟，并且有了各种各样的器皿，还能够烧制陶器。

　　盘，作为古代盛水或食物的一种器皿，其状多为圆形。出土的新石器时代的烧制陶器，其状也多为圆形。经过长期的劳动实践和对天体的观察，中国人亘古以来都对"圆"有着独特而深刻的理解。所谓"天圆地方"，是古人"仰则观象于天，俯则观法于地"后，经过对客观自然的观察并根据想象推测出来的认识观念。《淮南子·天文训》云："天道曰圆，地道曰方。方者主幽，圆者主明。"古人抬头看天，天是圆的。既然天是圆的，那么开辟天地的神自然也应该是圆的。这是开天辟地之神用"盘古"命名的第一个原因。

　　在古人看来，天不仅是圆的，而且是旋转轮回的。河南淮阳民间木版画中有盘古神像，其胸前抱一轮圆形太极图。这幅画将盘古与太极图联系起来，寓意深刻。太极图所表示的内涵正是天地轮回、循环不息这一客观规律。王红旗在《神奇的八卦文化与游戏》中说道："近几年，学术界逐渐形成了新的认识，认为太极图渊源于新石器时代彩陶上的两鱼追逐图形和纺轮旋转图形。……其实，太极图并不仅仅来源于两鱼相逐图，在远古的许多图案、符号、绘画中都可以找

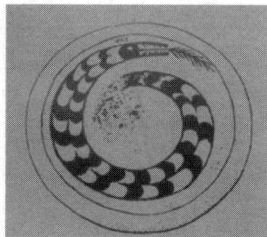

**两鱼相逐图**

到它的原形，……太极图的盘旋结构，可能来源于远古人对各种事物的观察，如螺壳的旋涡，水的旋涡，风的旋涡，蛇的盘旋，野草出芽时的旋转状态，纺轮旋转，特别是胎儿在母腹中的卷屈状，使他们认为这种盘旋结构是有活力的生命象征。事实上，我们的宇宙到处都充满旋状结构……"据此，我们可以认为，盘古正是这种充满活力、能创造生命的代表。


### 3. 盘古与盘瓠

学术界有"盘古即盘瓠"一说。持此观点者有夏曾佑、常任侠等。夏曾佑认为："今案盘古之名，古籍不见，疑非汉族旧有之说，或盘古、盘瓠音近，盘瓠为南蛮之祖，此为南蛮自说其天地开辟之文，吾人误用以为己有也。"常任侠则是从声训的角度，断定盘古就是盘瓠，并认为盘古即伏羲。他在《重庆沙坪坝出土之石棺画像研究》中指出："伏羲一名，古无定书，或作伏戏、庖牺、宓羲、虙羲，同声俱可相假。伏羲与槃瓠为双声（此承胡小石师说）。伏羲、庖牺、盘古、槃瓠，声训可通，殆属一词，

无间汉苗，俱自承为盘古之后。两者神话，盖亦同出于一源也。"

支持"盘古即盘瓠"的学者，主要是将其名称的音转或通假等音韵或训诂作为主要依据，并未对盘古、盘瓠、伏羲三者的关系进行全面深入的研究，特别是对三者的神话内容、年代及流传地区、民间信仰习俗等缺乏全面的调查和深入的比较研究。

盘古是开天辟地、化生万物和再生人类的创世始祖，而盘瓠则是瑶族的图腾崇拜和祖先崇拜。

有关盘瓠的神话传说，史籍记载较早、较多且较为详细明确。如晋代的《搜神记》、南朝的《后汉书·南蛮传》、北魏的《水经注·沅水》、明代的《赤雅》、清代的《汉唐地理书钞》等，都有关于盘瓠神话传说的记载。其他史料也有相关记载。

古代高辛氏（即帝或王）畜有一狗，其毛五彩，名叫"盘瓠"，又叫"龙犬"、"白犬"、"神犬"、"盘护"、"磐瓠"、"盘发"等。当时高辛国边境常受犬戎之寇，高辛氏虽多次派遣将士前去征讨，但都未能平息，于是就诏令天下，许诺谁擒得犬戎之吴将军（房王）头者，便赏给黄金、封给地邑、赐给少女。盘瓠衔吴将军头而归，高辛氏便将一公主许配给盘瓠为妻。盘瓠在金钟里蹲了六天六夜，变成了人形，便领公主走进南山，住在石洞之中。数年后，生六男六女共十二人。盘瓠死后，其子女互为夫妻，以草木为衣服，色彩斑斓，好入山壑，不落平旷，皇帝顺从他们的意愿，送给他们名山广泽，他们不断繁衍，被称为"蛮夷"。

从文献记载及民间信仰习俗中可以看出，历史上瑶、苗、畲等民族都信奉和崇拜盘瓠，奉之为本民族的始祖。其中以瑶族民间的盘瓠崇拜最为流行，许多地方都修建有盘瓠庙，供奉盘瓠或盘王，每年都举行隆重的祭祀盘瓠或盘王的活动。

盘古神话与盘瓠神话有着很大的不同。盘古神话属于世界创生神话，说的是盘古孕育于卵蛋，长大成巨人，死后身体各部分化成天地万物，被奉为开天辟地的始祖。而盘瓠在神话体系中为民族祖先。

"盘瓠"和"盘古"两个名称的来历是很清楚明确的。其中，"盘瓠"中的"盘"指的是盛装东西的器具，即通常所说的盘子；"瓠"即类似葫芦的瓠瓜、瓠篦，指的大概是古代用瓠瓜的壳与其他竹木编结而成的一种盛器。"盘瓠"二字，指的是器物，属于汉语。经过学者们的长期多方考察和分析研究，特别是从语言学的角度研究，"盘古"二字属于壮语，是壮语的汉字记音（即音译），意思是：盘，磨石，象征男性；古，葫芦瓜，象征女性。"盘古"二音，实为男女兄妹二人的合称，故民间就有"盘古兄妹"、"葫芦兄妹"的说法，这与任昉《述异记》所说的"吴楚间说：盘古氏夫妻，阴阳之始也"完全吻合。

盘瓠生于高辛氏时代。高辛氏即高辛王，又名"帝喾"。《史记·五帝本纪》中说"帝喾高辛者，黄帝之曾孙也"，说明盘瓠生于黄帝之后。而盘古，古籍称是"首生盘古"，盘古出生于天地混沌的前人类时代，"后乃有三皇"，即说盘古出生于"三皇五帝"之前。在盘古神话中，盘古是人，是人类的始祖，是人神而不是物神和动物图腾。盘瓠俗称"犬"或"龙犬"，其形态是图腾而不是人神。在远古时代，人们往往以图腾的名称作为氏族的名号。

盘古神话主要讲盘古开天辟地、化身万物的故事，反映的是人类与大自然作斗争的故事。盘古是一位开创天地、创造万物、造福人类而牺牲自己、无私奉献的人物。他将自己的一切都献给人类和自然，真是"鞠躬尽瘁，死而后已"，其形象是崇高伟大的，是全体上古人民的化身。

## （二）女娲神话的相关汉字解析

### 1. 女娲造人

女娲是被民间广泛而又长久崇拜的创世神和始祖神，其名最早见于《楚辞·天问》："女娲有体，孰制匠之?"王逸注："女娲蛇头人身。"《山海经·大荒西经》上记载："有神十人，名曰女娲之肠，化为神，处栗广之野，横道而处。"东晋郭璞注："女娲，古神女而帝者，人面蛇身，一日中七十变，其肠化为此神。"可见，女娲是一位"人首蛇身"的女神。在民间传说中，女娲有两大功勋：补天和造人。

《说文·女部》："娲，古之神圣女，化万物者也。从女，呙声。"《太平御览》卷七八引《风俗通义》："俗说天地开辟，未有人民，女娲抟黄土作人，剧务，力不暇供，乃引绳于缒泥中，举以为人。"即女娲是化育万物的女神，自然也是创造人类的女神。

为了让人类永远地繁衍下去，女娲参照世上万物繁殖后代的方法，叫人类也男女配合，凭自己的力量传宗接代。因为人是仿神的生物，不能与禽兽同等，所以她又建立了婚姻制

**女娲造人**

度。《路史·后纪二》罗苹注引《风俗通义》曰："女娲祷祠神，祈而为女媒，因置昏姻。"

女娲揉团黄色泥土创造了人类，因而被人们称为人类始祖——"女娲娘娘"。她替人类建立了婚姻制度，让男女青年互相婚配，生儿育女，因此被传为"婚姻女神"，后世人就把女娲奉为"神媒"。《路史·后纪二》："以其（女娲）载媒，是以后世有国，是祀为皋禖之神。"

《风俗通义》中也有"女娲造人"之说，凡有女娲庙的地方，都盛行到女娲庙求子的习俗。在原始时代，人们控制自然的能力低下，加之部落战争十分残酷、频繁，而且全靠人力对抗，死亡者众多，人口增长缓慢。所以，人们期望女性大量生育，使氏族人丁兴旺，这样才能避免灭亡的命运。于是，"女娲造人"应运而生。女娲造人的神话，正是母系氏族社会时期女性占据人口生产主导地位的反映。

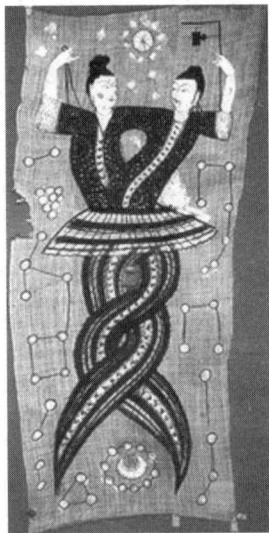

伏羲女娲相拥交尾图，藏于新疆维吾尔自治区博物馆

相传伏羲、女娲本是兄妹，因为洪水泛滥"灭绝了人类"，只剩下伏羲和女娲兄妹两人，为了重续人烟，他们顾不得羞耻，费了好多周折"请示天意认可"结为夫妻，其子孙世代繁衍才有了这世上的绵绵人烟。

无论哪种传说，女娲都是我们中华民族的始祖。《集韵·麻韵》："娲，姓。"郑樵《通志·氏族略四》："娲氏，女娲之后。"可见，"娲"是我们中华民族的始祖姓。至今中国云南的苗族、侗族还将女娲作为本民族的始祖加以崇拜。

### 2. 女娲补天的传说

传说"盘古开天辟地，女娲用黄泥造人，日月星辰各司其职，子民安居乐业，四海歌舞升平。后来共工与颛顼争帝位，不胜而头触不周之山"，导致"四极废，九州裂；天不兼覆，地不周载；火爁炎而不灭，水浩洋而不息；猛兽食颛民，鸷鸟攫老弱。于是女娲炼五色石以补苍天，断鳌足以立四极，杀黑龙以济冀州，积芦灰以止淫水。苍天补，四极正；淫水涸，冀州平；狡虫死，颛民生"（《淮南子·览冥训》）。

这篇神话记载了远古时期发生的一场自然界的大灾害：山崩地塌，大火、洪水、恶禽猛兽相继残害人类生灵。女娲目睹人类遭到如此奇祸，感到无比痛苦，于是决心补天，以终止这场灾难。她选用各种各样的五色石子，架起火将它们熔化成浆，用这种石浆将残缺的天窟窿补好。天补好后，女娲担心天会塌下来，又斩下一

**女娲补天**

只大龟的四脚，当作四根柱子把倒塌的半边天支撑起来。女娲还擒杀了残害人民的黑龙，刹住了龙蛇的嚣张气焰。最后，为了堵住洪水，使其不再漫流，女娲还收集了大量芦草，把它们烧成灰，埋塞向四处铺开的洪流。经过女娲一番辛劳整治，苍天总算补上了，地填平了，水止住了，龙蛇猛兽敛迹了，人民又重新过着安乐的生活。但是这场特大的灾祸还是留下了痕迹。从此，天有些向西北倾斜，太阳、月亮和众星辰都很自然地归向西方，又因为地向东南倾斜，所以一切江河都往那里汇流。现在雨过天晴后出现的五彩云霞，据说就是当年女娲用五彩石炼成的。

上古时期，人们不知道暴雨的起因，不了解雨季来临和山洪暴发的规律，在暴雨和洪水面前束手无策，只能把治服洪水的希望寄托在神上。女娲就是在生产力很不发达的条件下，人们想象出来的拯救人类的英雄形象。

### 3. 从声源关系看"女娲造人"

女娲抟土造人，故人们将她称为人类始祖神。女娲又炼石补天，对人类而言，女娲可谓功莫大焉。《淮南子·览冥训》亦云："考其功烈，上际九天，下契黄垆；名声被后世，光晖重万物。"古人为什么要将造人补天之神命名为"女娲"呢？

"女娲"的得名，应与她的业绩有必然的联系。清人赵翼说："女娲古帝王之圣者，古无文字，但以音呼，后人因音而传以字。"此话不假，但后人以"女娲"呼之，并非音义的随意拼接和粘连。

"女娲"之"女"，当是表其性别之语素。也有学者认为女娲非女性。例如，清人赵翼在《陔余丛考》卷十九中说道："适得此'女娲'二字，初非以其为妇人而加此号也。……《路史》因之，谓女娲佐太昊，祷于神祇，而为女妇，正姓氏，职婚姻，是曰神媒。则女娲亦但系创置婚姻媒妁之人，而非女身也。乃后人因女娲之名，遂有以为妇人者。"赵说有误。马林诺夫斯基《两性社会学——母系社会与父系社会比较》认为："神话所述的始祖群永远都是借着妇人出现，她有时被兄弟伴着，有时被图腾兽伴着，未尝被丈夫伴着。有些神话显明地描写初始女祖传种的方法。她最初传嗣的方法，是不小心地赤露于雨中，或在山洞里仰卧着，被石钟乳穿伤，或在水中浴身，被鱼咬破。她既这么被大自然'开发'了之后，一个魂灵小孩就钻到她的子宫，使她受孕。因此，神话所显示的，不是父亲的创造能力，乃是女祖自然的生育能力。"这种最古老、最原始的"女性独体生殖"观念，恰恰是"女娲造人"神话的精神内核。所以女娲作为人类始祖"女神"的地位是很明确的了。

"女娲"之"娲"，当作何解？在古文献中，"娲"字仅用于女娲氏，别无他义。"娲"在上古属见母歌部字，"蛙"属影母支部字，两者可音转通假。所以，从声源上看，"娲"从"蛙"衍声，"娲"即"蛙"。

"娲"的原型为"蛙"，有人根据蛙的叫声和婴儿的哭声来推导两者的关系。杨堃在《女娲考——论中国古代的母性崇拜与图腾》一文中说："以蛙为图腾的氏族，他们的共同名称叫蛙……故女酋长被后人尊为神圣女，称之为女娲氏……我认为女娲氏的由来，原是一个通名而非专名，是指生育人类的原始祖母而言。其所以名之为娲者，是由于婴儿的叫声。而婴儿的叫声又和蛙的叫声相同，故认为蛙和婴儿及全氏族同体，所以，这一氏族叫蛙氏族，蛙便是这一氏族的图腾。这位女氏族长便被后人尊称为女娲氏。"婴儿坠地，第一声啼音就是"哇"声，"娲"、"蛙"与"哇"同音，因声求义，因声赋名，所以我们中华民族的第一位"母亲"就用婴儿的啼哭声来命名——"女娲"。

赵国华《生殖崇拜文化论》认为："女娲本为蛙，蛙原是女性生殖器的象征，又发展为女性的象征，尔后再演为生殖女神。"何星亮《中国图腾文化》也认为："娲即蛙当无疑义，而女与雌义同，所谓'女娲'，其实就是'雌蛙'。大概雌蛙原是某氏族部落的图腾，后来图腾演化为神，雌蛙也演变成女娲。"

　　"蛙"为卵生动物，因其腹大，具有极强的繁殖能力而成为企盼人丁兴旺的原始部族崇拜的图腾。先民基于部族人口繁衍兴旺的渴望和企盼，想孕妇之腹与蛙之大腹同，盼妇人生殖能力与蛙同，故呼"娲"为"蛙"，于是"娲"成为化育万物之神和人类的始祖神。这一点还可以从考古出土文物上得到印证。

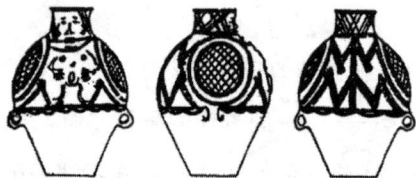

柳湾人像彩陶壶正、侧、背三种形式图

　　河南省渑池县仰韶村、陕西省华阴县（今华阴市）西关堡、青海省乐都县柳湾等遗址出土的彩陶中，有数量众多的蛙纹。学者们认为这是女性性器官与生殖的象征。其理由有二：一是从表象上看，蛙的肚腹和孕妇的肚腹形态相似，一样浑圆而膨大；二是从内涵上说，蛙的繁殖能力很强，产子繁多。某些彩陶蛙纹的下部特意描摹出圆圈以象征阴户，这进一步证实了蛙与人类生殖之间的密切联系。

　　作为人类始祖神的"娲"虽与"蛙"同音，但两者不能混而为一。后人为了人、物相别，从"蛙"中分化出"娲"，即另造一专用字"娲"，以与动物之"蛙"相别。

### 4. 从字源关系看"女娲造人和补天"

**娲（娲）** wā "娲"字，籀文作"𡣡"，从女从鬲，鬲亦声，表示最早使用鬲鼎烹煮食物的女人。《说文·鬲部》："䰝（鬲），秦名土釜曰䰝。"即秦地把用陶土做成的釜叫䰝。段玉裁注："（䰝）今俗作锅、土釜者，出于匋也。"可见，"䰝"即今之"锅"，是古时用陶土做成的炊用器具。

据考证，女娲氏大致起源于新石器时代。当时黄河、长江流域已进入谷物栽培时期，人们的饮食结构由杂食变为谷食，饮食方式由用火烤食变为用火煮食。制陶业随之发展起来，而陶器首先是作为炊煮器被制造出来的。在河姆渡遗址发掘出来的器物中，釜是第四文化层中唯一的炊器。釜就是锅，锅首创于母系氏族社会，为女娲氏的氏族发明。娲就是锅的意思。女娲氏是锅的发明者，人们为了纪念这一重大的发明，所以称之为"女娲"，并尊之为神。

"娲"的籀文作"𡣡"，表明它取形于陶制之"䰝"，"䰝"与"𡣡"同源，只是"𡣡"字源于母系氏族社会，故造字时特加"女"旁，表明女娲氏与新石器时代的制陶及陶制炊具有密切的关联。"䰝"与"锅"为古今字，故"娲"即"䰝"，女娲就是女䰝（锅）。

上文提到，女娲有一项重要功绩，就是"抟黄土作人"，这一传说也与锅和彩陶文化有关。据文献记载，女娲氏时代正是陶器发明的时代，人类开始用土坯烧成陶器。泥土既然可以被用来制作各种形状的器物，人们当然就会联想到用泥土造人。女娲的"抟土"不过是先民将制陶的记忆表象转化为"造人"而已。另外，在陶器上绘制人面纹样，也是女娲氏的一项发明，这也许是女娲造人之说的起源。

先民在发明陶器之后进一步发现，经过烧制的陶器完全不会漏水。屋顶漏雨时，他们想到用陶片盖住屋顶破损处，并由此得到启发，烧制专门用来覆盖屋顶的陶片，以彻底解决屋顶漏雨的问题，从而发明了瓦。《说文·瓦部》云："瓦，土器已烧之总名。象形。"段玉裁注："凡土器未烧之素皆谓之坏（坯），已烧皆谓之瓦。""瓦"字与"娲"字读音相近，都是模拟陶器摩擦时发出的"嘎嘎"声，其实至今还有一些地方称陶片为"瓦片"，以瓦称呼陶器，如"瓦罐"、"瓦盆"等。

瓦坚硬如石，不同土质烧制的瓦颜色各有不同，可以称之为"五色石"。屋顶漏雨是因为屋顶有缺陷、有裂缝，浓云密布时阴暗如先民居住的简陋房屋的草顶，先民可能因此认为，天上的雨水也是从云盖缝隙中漏下的，于是"覆盖屋"渐渐演变为"补天"。因此，当阴雨连绵，给人们的生产和生活带来不便时，先民就会设想像用瓦覆盖屋顶那样，炼五色石以补破漏的苍天。这样的事业非人力所能及，只有神人才能做到，这个神人自然就是女娲，女娲补天的神话就这样诞生了。

5. 与“女”旁相关的“姓”字解析

**姓** xìng　“姓”字，甲骨文作“”，由“”（生，产育）和“”（女，母）两个部分构成，表示生母。金文“”承续甲骨文字形，篆文“”调整左右顺序。在母系氏族社会，人们不在乎生父，而崇拜并纪念生母。《说文 · 女部》：“姓，人所生也。古之神圣，母感天而生子，故称天子。从女，从生，生亦声。《春秋传》曰：‘天子因生以赐姓。’”圣人无父，由女人“感天而生”，说明古人的血统观念是以母亲为传承主体的。《吕氏春秋 · 恃君》载：“昔太古尝无君矣，其民聚生群处，知母不知父，无亲戚兄弟夫妻男女之别，无上下长幼之道。”《白虎通义 · 号篇》：“古之时未有三纲六纪，民人但知其母，不知其父。”这反映了姓氏与母系氏族社会文化有密切的联系。

在旧石器时代后期的氏族公社阶段和新石器时代的母系氏族公社阶段，世系按母系传承，子女从母姓。在中国文化典籍中，母亲感天生子的传说流布很广。《太平御览》引《诗含神雾》：“大迹生雷泽，华胥履之，生伏羲。”《竹书纪年》：“舜母见大虹，感而生舜。"《史记·三代世表》："天命玄鸟，降而生商。"其记载的商的祖先契是其母简狄吞食了燕卵后怀孕生下的。《史记·三代世表》："文王之先为后稷，后稷亦无父而生。后稷母为姜嫄，出见大人迹而履践之，知于身，则生后稷。"周的始祖后稷亦未有父亲，其母因踏了巨人的脚印后怀孕生下后稷。这些"圣人皆无父，感天而生"的历史传说本意都是赋予帝王高贵的血统，但它深层的含义都反映了母系氏族社会母系主宰地位的史实。

中国古代起源较早的姓大都有"女"旁，如传说中神农氏姓姜，黄帝姓姬，虞舜姓姚，少昊帝姓嬴，夏禹姓姒；春秋时，周王室和鲁、晋、郑、卫、燕、虞、吴、随、巴等封国姓姬，齐、申、吕、许等国姓姜，秦、徐等国姓嬴，越国姓姒，陈国姓妫，这些都表明姓产生于母系氏族社会，也为"姓"之"从女，从生"的阐释提供了依据。而"民人但知其母，不知其父"的远古风景正好印证了女娲造人的神话。

# 三、三皇神话

## （一）伏羲神话的相关汉字解析

在中国历史上，还有比炎帝和黄帝更早的共同祖先，那就是被中华民族誉为"人文始祖"的伏羲。伏羲是三皇之首、百王之先，他和女娲同是中华民族的人文始祖，受到了中华儿女的称赞和共同敬仰。由于传说中的伏羲和女娲都是"人首蛇（龙）身"，以龙为尊，所以所有的华人都自称为"龙的传人"。

### 1. 伏羲的出生

相传伏羲生于古成纪，就是今天水一带。其母是"华胥之国"的一个华胥氏姑娘，她到一个风景特别的地方——雷泽去游玩，偶然看到了一个巨大的脚印，便好奇地踩了一下，于是受感而孕，生下一个儿子，取名"伏羲"。《补史记·三皇本纪》曰：

伏羲

"太皞庖牺氏，风姓，代燧人氏继天而王。母曰华胥，履大人迹于雷泽，而生庖牺于成纪。蛇身人首，有圣德。"《山海经·海内东经》郭璞注引《河图》云："大迹在雷泽，华胥履之而生伏羲。"《帝王世纪》："太昊帝庖牺氏，风姓也。蛇身人首，有圣德，都陈。作瑟三十六弦。燧人氏没，庖牺氏代之。继天而王，首德于木，为百王先。"

根据华胥神母履雷泽巨人迹而生伏羲的资料，我们可以认定华胥是伏羲之母。那"巨人迹"为何物？《山海经·海内东经》记载："雷泽中有雷神，龙身而人头，鼓其腹。"人们一般认为"巨人迹"是雷神的足迹，这位雷神长着龙的身子、人的头。其实雷神并非真人，这里折射出伏羲不仅出身不平凡，而且以他的出生为标志，远古人开始进入父系氏族社会。而此前华胥氏之民尚处在原始时代"民人但知其母，不知其父"的母系氏族社会。

如果伏羲处于母系氏族社会，那么他应当随其母姓华胥。然而，他却改姓为风，其长相又是"蛇身人首"，与"龙身而人头"的雷泽之雷神相似，而且"风"字古文从"虫"，"虫"与"蛇"通。由此可见，伏羲不是华胥氏族，而是蛇系或龙系氏族，且认蛇或龙作父。

又《拾遗记》记载："春皇者，庖牺之别号。所都之国，有华胥之洲。神母游其上，有青虹绕神母，久而方灭，即觉有娠，历十二年而生庖牺。"从神母游华胥洲被青虹绕而生伏羲的说法中，可知伏羲是由蛇系氏族男子与华胥氏族女子野合而生的，青虹或蛇就是伏羲的生身父亲。清代梁玉绳《汉书人表考》卷二引《春秋世谱》："华胥生男为伏羲"，伏羲明显是男性英雄。据此我们可以断定，自伏羲诞生起，华胥氏之民便开始由母系氏族社会向父系氏族社会过渡。

关于伏羲的名号，古籍中有许多写法，除"伏羲"（《庄子·人间世》）之外，还有"伏戏"（《荀子·成相》）、"伏牺"（《法言·问道》）、"包牺"（《周易·系辞下》）、"宓羲"（《汉书·古今人表》）、"炮牺"（《汉书·律历志下》）、"庖牺"（《水经注·渭水》）等。伏羲氏的得名及其含义，与其发明创造八卦以治天下、结网罟以佃以渔、养牺牲以充庖厨等方面的贡献有关。

### 2. 画八卦

伏羲为人类文明进步作出的文化贡献之一是"始画八卦"。伏羲画八卦和造书契，使中华先民告别了结绳记事的时代，步入文明的开端。《周易·系辞下》："古者包牺氏之王天下也，仰则观象于天，俯则观法于地，观鸟兽之文，与地之宜，近取诸身，远取诸物，于是始作八卦，以通神明之德，以类万物之情。"伏羲通过各种努力，达到上通天文、下通地理、中通人事、无所不通之后，把一切学问综合联系，创造了八卦，即用一条长画"——"代表阳，两条短画"— —"代表阴，阴阳搭配，画成八种不同的图案，悬挂于空中，称作"八卦"，以代表天（乾）、地（坤）、雷（震）、风（巽）、水（坎）、火（离）、山（艮）、泽

（兑）八种自然现象。

**伏羲八卦图**

八卦的创立，是以伏羲为代表的中华先民在生产实践中，经过长期仰观日月运行，俯察地理变化，旁观近身事物，对变幻无穷的大千世界变化规律有了初步认识的基础上，加以总结和概括而成的。这种以阴、阳二爻组成的八卦符号，体现了自然界最基本的两种物质——天、地的对立与阴阳关系，由此推演组合出代表天、地、雷、风、水、火、山、泽的八种符号。它们既对立又统一，既相互作用又互相影响，变化无穷。伏羲八卦符号系统的核心是对天、地、人系统的独立与统一的探索。在八卦的整体结构中，自然界是一个不断变化着的有序过程，人是这一过程中的生命主体。人与自然界是双向交流和互感的两个系统，既相互独立又和谐统一，人的主体性在实现天人合一方面能起到决定性的作用。

由伏羲八卦演绎成《周易》并由此形成的易学思想与体系，是中华民族解释世界、认识自然、规范社会人伦的百科全书。八卦与易学体系在哲学层面上既是中华民族认识世界、指导人类社会发展的解释系统，也是一个操作系统。因而，这一完整严密、富有民族特色和阴阳变异、和合大同的辩证思维理论和逻辑方式体系，深刻影响了中华民族的思维方式和文化进程。在文化层面上，八卦与易学体系是长期占据正统文化的儒家学说、与儒学并立而存的道家文化、在民间社会有广泛基础的巫术占筮等神秘文化的活水源头。所以，八卦符号与易学思想，实乃中华传统文化的源泉与核心。

那么，古人为什么将文化创造神、始祖神命名为"伏羲"呢？

伏羲之名最早见于《周易》、《庄子》，"伏羲"又作"宓羲"。《说文·兮部》："羲，气也。"《说文·宀部》："宓，安也。"《说文大字典》："宓，止也，静也，默也。"因此，"宓羲"是指安静不动的元气。

根据中国古哲学的观点，安静不动的元气又称为"太极"、"道"，是产生万物的根源。《周易·系辞上》云："易有太极，是生两仪，两仪生四象，四象生八卦。"这就是先天八卦及其产生的过程，即"道生一，一生二，二生三，三生万物"。太极就是一，是道，是天地未分时物质性的混沌元气。太极动而生阳，静而生阴，是生两仪，一阴一阳就是两仪。宋代王廷相认为，太极、元气、阴阳"合三为一"，三者名称不同，实质却只有一个：元气。所以，元气就成了宇宙的终极本原。

"伏羲"又作"密羲"。罗苹注《路史·后纪一》云："宓乃密字。"《史记·封禅书》载："秦宣公作密畤于渭南，祭青帝。"闻一多转引《民国丛书》曰："伏羲字或作宓若虙，密宓虙一字，宓畤即伏羲之畤。"而"密"也有"止也，默也"之义，又有秘密、潜而不露之义。《广雅》："伏，藏也。"《说文大字典》："伏，入声，音服，偃也，又隐也，匿藏也。"隐匿不现、潜而不露，正是"道"之本性。从这种意义上说，"密"与"伏"同义，而"密羲"、"伏羲"都是指看不见、摸不着、无形无象的"道"。因此，"伏羲"又叫"密羲"。

"伏羲"又称"庖牺"、"宓牺"或"包牺"。《风俗通义·皇霸》中说："伏者，别也，变也；戏者，献也，法也。伏羲始别八卦，以变化天下，天下法则，咸伏贡献，故曰伏羲也。"《拾遗记》："庖者，包也，言包含万象。以牺牲登荐于百神，民服其圣，故曰庖牺，亦谓伏羲。变混沌之质，文宓其教，故曰宓牺。"包，篆文作"⊕"，《说文·包部》："包，象人裹（古"怀"字）妊，巳在中，象子未成形也。元气起于子。""包"是指元气的最初状态，亦有包罗万象之义。因此，"伏羲"又叫"包牺"。从这个意义上说，伏羲之义，与易学中"元气、太极"等概念相通。伏羲是一个哲学概念，后人便以这一哲学概念去称呼这位哲学的创立者，由此可知伏羲之名与其创造"八卦"有一定的渊源。

3. 结网捕鱼

伏羲的功业，除了仰观俯察、近取远取、始画八卦之外，还有"作结绳而为网罟，以佃以渔"（《周易·系辞下》）。在伏羲生活的时代，原始先民以自然采集为主要生活来源，伏羲曾教人们织网捕鱼，从而使人类社会由原始的狩猎状态进入初级的畜牧业生产。伏羲教民结网狩猎捕鱼，既代替了原来落后的狩猎形式，又将生产活动扩展到川泽水域。伏羲还教民驯养牲畜，促进了畜牧业的发展。

**伏羲教民渔猎图**

"伏羲"在《法言·向道》中又称"伏牺"。"伏"字，金文作"𦥑"，由意符"亻"（人，猎手）和"犬"（猎犬）组成，像是猎手带着猎狗，趴卧隐蔽，伺机出击猎物。《说文·人部》："伏，司也。从人，从犬。"本义为人带着犬趴在地上等待，引申为降伏、屈服之义。"牺"是"犧"的简体字，本义为纯色牲畜，泛指动物。《说文·牛部》："犧，宗庙之牲也。从牛，羲声。"伏牺，既有捕猎动物之义，又有降伏、驯服动物之义。所以从训诂学的角度来看，伏羲之名与其发明创造用网捕猎并驯养动物有关。

伏羲因龙形而被视为雷神，雷又是天火，这使伏羲多了管理火的特长。故他的名号又有来自烧肉做牺牲的说法。如袁珂在《中国神话传说》一书里言："伏羲对人民贡献最大的，恐怕是把火种带给人民，让人民都吃到烧熟的动物肉……伏羲又叫'庖羲'或'炮牺'，那含义就是'取牺牲以充庖厨'（《帝王世纪》），'变茹腥之食'（《拾遗记》）的意思，要想达到上述的目的，一定得有火才成……伏羲取得的火，大约就是大雷雨之后山林里燃烧起来的天然火，后来才有燧人发明钻木取火，钻木取火应该后于从山林里携带出来的天然的雷火。"伏羲不仅发明了结网捕鱼这一方法，还教会了人们制作和食用熟食，结束了人类茹毛饮血的野性状态。

人们称伏羲为"炮牺氏"或"庖牺氏"，"炮"的本义为烧烤，"庖"作动词义为治厨，所以"炮牺"和"庖牺"均为烧烤动物为食物之义。《初学记》引《帝王世纪》曰："庖牺氏，风姓也，蛇身人首。……取牺牲以充庖厨，以食天下，故号曰庖牺氏，是为牺皇。后世音谬，故谓之伏牺，或谓之密牺。""取牺牲以充庖厨"，即取火以烧烤动物而熟食，反映了原始人类由旧石器时代向新石器时代过渡时在饮食方面的巨大进步，人类由采集食物转变为生产食物，由单纯的游猎转变为豢养动物，由四处采集转变为谷物栽培。由此看来，伏羲在同自然斗争的过程中，大大开拓了人类获取生活资料的领域，带领先民进入渔猎时代，标志着人类由流动状态开始向半流动和定居生活转变。"炮牺氏"就是庖人的始祖神。伏羲是网的发明者，又是豢养动物的首创者，是我们中华民族饮食文化之祖，所以被称为"伏羲氏"，并被尊为神。

### 4. 制嫁娶，置婚姻

在汉代史书中，伏羲、女娲均被列入三皇，因为他们有许多了不起的业绩。比如伏羲画八卦、结网罟、造甲历；女娲炼石补天、抟黄土作人、始创嫁娶等。当然，最重要的还是伏羲、女娲成婚繁衍了人类，成了中华民族的"人祖"。

在汉语传世文献中，"伏羲、女娲兄妹成婚"的故事迟至唐代才见诸记载。唐代李冗《独异志》："昔宇宙初开之时，只有女娲兄妹二人在昆仑山，而天下未有人民。议以为夫妇，又自羞耻。兄即与其妹上昆仑山，咒曰：'天若遣我兄妹二人为夫妇，而烟悉合；若不，使烟散。'于烟即合，其妹即来就兄，乃结草为扇，以障其面。今时人取妇执扇，象其事也。"

伏羲、女娲兄妹成婚造人烟的故事尽管不见于更早的文献中，但汉代的一些石刻画与砖画都可以证明这个古老的神话。

画像上的伏羲和女娲，腰身以上通常作人形，腰身以下则为蛇躯，两条尾巴紧紧地缠绕在一起。两个人的脸面，或者向着，或者背着。伏羲手里拿着曲尺，女娲手里拿着圆规。或者是伏羲手里捧着太阳，太阳里面有一只金鸟；女娲手里捧着月亮，月亮

伏羲、女娲交尾
画像石拓片

里面有一只蟾蜍。这种伏羲、女娲交尾图已经足以表明两人之间亲密的对偶关系。另外，战国楚墓帛书甲篇中还有一段关于伏羲、女娲二神婚配生子的资料，帛书的大致意思是说，在天地未形成之前，世界处于混沌的状态，先有伏羲、女娲二神，结为夫妇，生了四子。原始文字转述如下：

曰故（古）　大　熊包戏（伏羲），出自□霆（震），

居于睢□。厥□鱼鱼，□□□女。梦梦墨墨，亡章弼弼。

□每（晦）水□，风雨是于。乃取（娶）□□子之子，

曰女娃（娲），是生子四，□是襄而戋，是各（格）参

化法逆（度）。为禹为契，以司域襄，咎而步廷。乃上

下联（腾）传（转），山陵丕疏。乃命山川四海，熏

（熏、阳）气百（魄、阴）气，以为其疏，以涉山陵、

泷、汩、益、厉。未有日月，四神相戈（代），乃步以

为岁，是惟四时：长曰青干，二曰朱四单，三曰白大

橪，四曰□墨干。


由此我们可以推测，伏羲、女娲兄妹成婚繁衍人类的始祖神话，并非出自唐代或汉代，而是出自战国时期。伏羲、女娲兄妹成婚的传说，隐约反映了血缘家族内同辈血缘婚制的遗存。但值得注意的是，传说反映的兄妹成婚，是在洪水过后，人类灭绝，世上仅存兄妹二人的特殊环境下发生的。而且，他们已经自以兄妹成婚为"羞耻"，故以"烟"为媒决定是否婚配。这也表明，在特殊条件下的兄妹成婚，意味着伏羲氏族已开始由一般的族外婚向对偶婚发展。另外，伏羲、女娲为婚姻之神在古代文献中也有记载。《路史·后纪二》罗苹注引《风俗通义》："女娲祷祠神，祈而为女媒，因置昏姻。"《世本·作篇》："伏羲制以俪皮嫁

娶之礼。"《路史·后纪二》罗苹注引《古史考》:"伏羲制嫁娶、以俪皮为礼。"结合伏羲出生的感生神话,伏羲、女娲兄妹成婚,以及他们制嫁娶、改革婚姻制度的内容,我们可以隐约看到伏羲氏族在漫长原始社会的一定阶段,婚姻制度的革命性变化。

另外,伏羲尝百药、制九针,摸索出了一整套治病方法,治病救人,开启了后世中医学的先河。伏羲还发明了琴瑟等乐器,并制作出乐曲,这在中国音乐史和乐器史上也是开创性的。同时,伏羲作历度、定节气,引导人们按四时八节时序进行生产。创立和制定历法,也是伏羲的卓越贡献。

从伏羲神话传说的演变及其发明创造来看,其文化创造的范围几乎包括了远古时期人类生产、生活的各个方面,既有物质财富方面的创造,如造网罟、教佃渔、发展畜牧养殖和农业种植、取火种、做熟食、发明医药医疗等;又有精神财富方面的创造,如画八卦、造书契、造甲历、制嫁娶、设立官职、创制乐器等。伏羲的一系列发明创造,不仅对当时的社会发展起到了巨大的推动作用,而且成了中华文化的源头。所以有人认为伏羲"不仅是一个非凡的文化英雄,而且是一位无与伦比的科技领袖,科学、文化、艺术、冶金、历法包括婚姻礼教等,所有的文明都沐浴过他神性的光辉……我们称伏羲为科学大神、文化大神、哲学大神、音乐大神、宗教大神"。

## （二）炎帝神话的相关汉字解析

炎帝，烈山氏，号"神农氏"，又称"赤帝"，华夏始祖之一，中国远古时期部落首领，与黄帝并称为"中华始祖"。炎帝制耒耜，种五谷；立市廛，首辟市场；治麻为布，民着衣裳；作五弦琴，以乐百姓；削木为弓，以威天下；制作陶器，改善生活，为中华民族的人文初祖。

### 1. 炎帝名号的由来

**炎帝**

《国语·晋语》载："昔少典娶于有蟜氏，生黄帝、炎帝。黄帝以姬水成，炎帝以姜水成。成而异德，故黄帝为姬，炎帝为姜。二帝用师以相济也，异德之故也。"这是中国历史最早记载炎帝诞生的史料。炎帝，其母为有蟜氏女，名曰"女登"，是少典正妃，有神龙感生炎帝，牛首人身，长于姜水，故有"姜"姓之称。

**炎 yán** "炎"字，甲骨文作"🔥"，从二火，会意字，会火苗升腾之意。西周金文承袭殷商甲骨文字形特点作"🔥"、"🔥"，篆文"🔥"亦承袭金文字形。《说文·炎部》："炎，火光上也，从重火。"《诗经·小雅·大田》传曰："炎火，盛阳也。"《白虎通义·五行篇》云："炎帝者，太阳也。"最盛的阳气，在人们心目中，非日莫属。《白虎通义》认为炎帝是最盛的阳气，可见炎帝部落对太阳的崇拜。

《列子·汤问》："楚之南，有炎人国者。"屈原《远游》："指炎神（炎帝）而直驰兮，吾将往乎南疑。"《吕氏春秋·孟夏》："孟夏之月，日在毕，昏翼中，旦婺女中。其日丙丁。其帝炎帝，其神祝融。"《汉书·魏相传》："南方之神炎帝，乘《离》执衡司夏。"大量的典籍说明炎帝生活在南方。《楚辞·大招》："南有炎火千里。"王逸注："炎，火盛貌也。"《吕氏春秋·有始》："南方曰炎天。"在古人心目中，南方是炎火之地，管理南方的天帝自然也就取号为"炎帝"了。

何九盈等在《汉字文化大观》中认为，帝炎之名，与早期农业社会实行火历有关。炎，从重火，即大火。大火为今称天蝎座的阿尔法星，出现于七八月份，它是南方星空中很显眼的亮星。古人观季节特别重视北斗星斗柄连线对大火的指向。《鹖冠子·环流》道："斗柄指东，天下皆春；斗柄指南，天下皆夏；斗柄指西，天下皆秋；斗柄指北，天下皆冬。"《诗经·豳风·七月》中的"七月流火"，指夏历七月，大火西偏，预示着秋季来临。《左传·昭公十七年》："炎帝氏以火纪，故为火师而火名。"《左传·哀公九年》有"炎帝为火师"之语。"以火纪"就是通过观测大火星的运行变化来记叙时节、规定人事。据庞朴在《火历钩沉——一个遗佚已久的古历之发现》中的记载，我国历法在阴阳历之前，曾经实行过火历，即以大火星的出没作为播种收获的依据。大火星也叫"辰"，"辰"在甲骨文中象蚌壳制作的农具之形，大火星以农具命名。而"农"的繁体字"農"也从辰，从辰取义正反映了原始社会农业与大火的密切关系。根据传说及文献记载，炎帝在农业上做了许多奠基性的工作，传授了大量的农业技术，所以人们把炎帝称为开创农业之神。

笔者认为，炎帝的称谓，或与其"善用火"有关。传说火的发明者为燧人氏，燧人氏属于旧石器时代，当时的原始先民还是以采集和狩猎为生，农耕还未出现，因此，火的使用范围是很狭小的。对火进行广泛利用，尤其是把火运用于农耕，并由此引起人类社会生活巨大变化的是新石器时代（即神农氏时代）的人们，传说中的姜炎族的首领炎帝便属于这个时代。关于炎帝与火的关系，后世文献有颇多记载。《左传·哀公九年》："炎帝为火师，姜姓其后也。"《管子·轻重戊》："炎帝作，钻燧生火，以熟荤臊，民食之，无兹胃之病，而天下化之。"《论衡·祭意篇》："炎帝作火，死而为灶。"《路史·后纪三》："（炎帝）于是修火之利，范金排货，以济国用，因时变爙，以抑时疾，以炮以燀，以为澧洛。"《补史记·三皇本纪》："炎帝，以火名官。"在此不一一列举。由于姜炎族有着刀耕火种的经历，他们"善用火"进而"崇拜火",又以太阳为图腾,所以将表示烈火的"炎"作为自己的族号也是情理之中的事了。

### 2. 炎帝又称"神农氏"

一般认为,炎帝发明了农业,故又称为"神农氏"。《汉书·律历志下》:"炎帝……教民农耕,故天下号为神农氏。"《白虎通义》说,神农氏能够根据天时之宜、分地之利,制作农具,教民耕作,使人民获得很大的好处,故号"神农"。《世本·帝系篇》则首次把炎帝和神农氏放在一起称"炎帝神农氏",谓炎帝即神农氏,炎帝为身号,神农为代号。汉代高诱注《淮南子·时则训》,提到赤帝时又把赤帝与神农氏结合起来,"赤帝,炎帝,少典之子,号为神农,南方火德之帝也"。

**神农尝百草**

神农氏始见于《周易》。《周易·系辞下》:"古者包牺氏之王天下也,……包牺氏没,神农氏作,斫木为耜,揉木为耒,耒耨之利,以教天下,盖取诸《益》;日中为市,致天下之民,聚天下之货,交易而退,各得其所……"由此可知,神农氏是继包牺氏之后出现的以始作农具而闻名的远古农业氏族或部落首领。又《庄子·盗跖》说:"神农之世,卧则居居,起则于于,民知其母,不知其父,与麋鹿共处,耕而食，织而衣，无有相害之心，此至德之隆也。""耕而食，织而衣"，是"神农之世"社会生活的突出特点。《商君书·画策》也说："神农之世，男耕而食，妇织而衣。"

炎帝神农，又称为"神戎"。《战国策·秦策》："神农伐补遂。"1972年银雀山汉墓出土的《孙膑兵法》作"神戎伐斧遂"。"农"为泥母冬部字，"戎"为日母冬部字，二字可通假。神农即农神，他是新石器时代进入农业生产部落的宗神，人们在他的指导下播种百谷，并获得丰富的粮食和蔬菜。当产品富足之后，他又引导人们把自己的产品拿去交换，从而开辟了市场。相传他还发明了耒耜等农具，教人耕种，尝百草并教人治病。

### 3. 神农氏又号"烈山氏"

神农氏又号"烈山氏"，也作"厉山氏"。《国语·鲁语》："昔烈山氏之有天下也，其子曰柱，能殖百谷百蔬。夏之兴也，周弃继之，故祀以为稷。"《左传·昭公二十九年》："有烈山氏之子曰柱为稷，自夏以上祀之。周弃亦为稷，自商以来祀之。"《礼记·祭法》在转引上述内容时将"烈山氏"改为"厉山氏"，曰："厉山氏之有天下也，其子曰农，能殖百谷。"东汉郑玄注："厉山氏，炎帝也，起于厉山，或曰有烈山氏。"关于烈山氏的由来，据《路史·后纪三》记载，因其母"生神农于烈山之石室"，西晋皇甫谧《帝王世纪》亦言："始教天下种谷，故人号曰神农氏。又曰：本起烈山，或称烈山氏。一号魁隗氏，是为农皇，或曰炎帝。"其实"烈"和"厉"在上古均为来母月部入声字，读音相同，故可通用。如《楚辞·招魂》："厉而不爽些"，王逸注："厉，烈也。"《诗经·小雅·都人士》："垂带而厉"，郑玄注："厉字当作烈。"可见，烈山氏就是厉山氏。

炎帝　烈山氏

炎帝，神农氏，为何又称为"烈山氏"？盖因作为远古农业发明者的神农要从事农耕，首先必须放火烧山，即后世所谓刀耕火种，凡有繁茂芜杂的茅草山林，必须先烧后种。而烈山就是烧山的意思。《孟子·滕文公上》："烈山泽而焚之，禽兽逃匿"，也透出原始农业刀耕火种的痕迹。庞朴说："《左传·昭公二十九年》有'烈山氏'，经师或以为炎帝之号，或以为神农之号，其实都是烧荒种地的意思。"《说文·火部》："烈，火猛也。"犹言火的程度。《说文·火部》："炎，火光上也，从重火。"犹言火的形状。神农氏引导原始居民从事农耕，要放火烧山，所以"神农氏"又称"烈山氏"，烈山氏的得名反映了当时的耕作方式；放火烧山，火光熊熊，所以"烈山氏"又称"炎帝"。

**赤** chì　"赤"字，甲骨文作"🔥"、"🔥"等形，从大从火，会意字，会大火颜色之意。西周金文承袭殷商甲骨文字形特点作"𤆍"、"𤇾"等形，火的象形特征逐步弱化。战国文字易"大"旁为二人形，"火"旁添加一横笔为饰，作"𤆲"；或在二人形中加饰笔作"𤇾"，与"炎"字形体相近。《说文·赤部》："赤，南方色也。从大，从火。"徐锴《说文解字系传》："南方之星，其中一者最赤，名大火。会意。"饶炯部首订："南方阳盛之区，其象昭著。火为之行，色赤。赤者，光明显耀也。凡火皆有明著之象，然微则荧荧，大则赫赫，故赤从大火会意。"

"赤"的本义为大火之颜色，与"炎"字形义相近，所以"炎帝"又称"赤帝"。

### 4. 祝融

祝融，中国上古神话之帝王，以火施化，后被尊为火神。

祝融与炎帝的关系十分密切。《礼记·月令》云："孟夏之月，日在毕，昏翼中，旦婺女中。其日丙丁。其帝炎帝，其神祝融。"高诱注曰："炎帝，以火德王天下，是为炎帝，号曰神农，死托祀于南方，为火德之帝。祝融，老童之子吴回也，为高辛氏火正，死为火官之神。"炎帝是南方和夏季的帝，祝融则是南方和夏季的神。

据《山海经·海内经》记载，祝融是炎帝的后裔，其书曰：

"炎帝之妻，赤水之子听詙，生炎居，炎居生节并，节并生戏器，戏器生祝融。"可见，祝融是炎帝的第五代玄孙。那么，祝融长着一副什么模样呢？《山海经·海外南经》中说："南方祝融，兽身人面，乘两龙。"祝融，郭璞注："火神也。"

祝融是我国长期以来广泛祭祀的火神。传说祝融不仅是管火用火的能手，而且发现了击石取火的方法，还发明了火攻战法。

在科学文化落后的远古时代，人们对火缺乏认识，认为火很神秘，主宰火的是神。祝融用火为人们造福，所以，后人把

**火神祝融**

他尊为火神。春秋战国以后，祝融由火神逐步历史化为火正。火正，即火官，管理火的长官。那么，古人为什么将火神和火官命名为"祝融"呢？

祝（祝）zhù　"祝"字，甲骨文作"𝌀"，像一个人跪着（𝌀），向天开口祝祷（𝌀）。《说文·示部》："祝，祭主赞词者。从示，从人、口。"本义是祭奉神灵，祷告求福，引申为人们对人对事的美好愿望。

融 róng　"融"字，甲骨文作"𝌀"，像很多蛇

（𝑵）从地里（△）钻出来。《说文·鬲部》："融，炊气
上出也。从鬲，虫省声。"鬲是古代一种烹饪器具。许
慎认为"融"的本义是炊气上升，引申为长久、明亮
等义。

《国语·郑语》："夫黎为高辛氏火正，以淳耀敦大，天明地
德，光照四海，故命之曰祝融。"韦昭注："淳，大也。耀，明
也。敦，厚也。言黎为火正，能理其职，以大明厚大，天明地
德，故命曰祝融。祝，始也。融，明也。"《左传·昭公二十九
年》："火正曰祝融。"孔疏引贾逵云："祝，甚也；融，明也。"
《史记·楚世家》："重黎为帝喾高辛居火正，甚有功，能光融天
下，帝喾命曰祝融。"裴骃《史记集解》引虞翻曰："祝，大也；
融，明也。"贾、虞以祝为甚、大之义，祝融即大明，这正照应
了前文所言"淳耀敦大，天明地德，光照四海"。

以上是古人对"祝融"一词的解释。重黎即祝融，因其忠于
职守，努力为帝喾和广大黎民服务，当火官有功，帝喾于是赐予
"祝融"的封号。不过韦注以祝为始，以融为明，来解释祝融的
命名，似乎有点牵强。

祝融，在地为火正，在天若火神，是通天达地、造福人类的
远古时代的圣人。人们希望"祝融"用火来照耀大地，永远给人
带来光明和希望。

## （三）黄帝神话的相关汉字解析

黄帝，既是天神，又是中原各族的始祖神。按史籍记载，黄帝本姓公孙，生长于姬水之滨，故改姓姬。居轩辕之丘，故号"轩辕氏"。其父少典是有熊国国君，其母为有蛴氏之女，名附宝。相传黄帝之母在野外碰到闪电绕着"北斗枢星"，竟感而有孕并生下黄帝。黄帝"生而神灵，幼而徇齐，弱而能言，长而敦敏，成而聪明"。其实，黄帝出生的感生神话与上古时代许多"英雄人物"身世有着共同的特征，如伏羲之母履"大人迹"而生伏羲、商人始祖契为简狄吞玄鸟蛋而生、周人始祖后稷为其母姜嫄践"巨人迹"而生等。这类神话正反映了黄帝出生于"民知其母，不知其父"的母系氏族社会。

《国语·晋语》："昔少典娶于有蛴氏，生黄帝、炎帝。黄帝以姬水成，炎帝以姜水成。成而异德，故黄帝为姬，炎帝为姜。二帝用师以相济也，异德之故也。"这也是中国历史最早记载黄帝诞生的史料。人们据此推断黄帝与炎帝是兄弟，后来兄弟两个部落为争夺领

**轩辕黄帝**

地，展开阪泉之战，黄帝打败了炎帝，两个部落渐渐融合成华夏族，所以黄帝成为中国远古时期华夏民族的共主和五帝之首。黄

帝在位期间，播百谷草木，大力发展生产，始制衣冠，建舟车，发明指南车，定算数，制音律，创医学，并有了文字。黄帝和炎帝是中国文化、技术的始祖，他们的功劳为后世所称赞，他们均被誉为华夏的"人文初祖"。

### 1. 黄帝名号的由来

黄帝，又作"皇帝"。《庄子·齐物论》："长梧子曰：是皇帝之所听荧也。"《经典释文》："皇帝，本又作黄帝。"又《庄子·至乐》："吾恐回与齐侯言尧、舜、皇帝之道。"《经典释文》："皇帝，司马本作黄帝。"《周易·系辞下》："黄帝、尧、舜，垂衣裳而天下治。"《风俗通义·音声》作"皇帝"。董慎行云："黄帝旧作皇帝，古亦通。"黄帝与皇帝，在古文献中确实通用。朱芳圃《中国古代神话与史实》认为"黄"是"皇"的假借字，并指出："黄帝即皇帝，犹言惟皇上帝、皇皇上帝。"顾颉刚《史林杂识》也认为："皇与黄既通作，斯'黄帝'即'皇帝'，亦即'皇天上帝'。"那么，黄帝与皇帝，孰为正呢？

《淮南子·说林训》："黄帝生阴阳。"高诱注："黄帝，古天神也。始造人之时，化生阴阳。"黄帝或许是天神，是天帝，而非人王。郭沫若先生云："黄帝本是皇帝或上帝的转变。"按照郭说，黄帝从皇帝转变而来，两者应以皇帝为正。

一般认为，"皇帝"作为中国最高封建统治者的称号，始于秦始皇。那么，远古时期与炎帝齐名的"皇帝"，其命名之义为何？

皇（皇）huáng  "皇"字，金文作"皇"，《说文·王部》："皇，大也。从自。自，始也。始皇者，三皇，太君也。"《诗经·鲁颂·闷宫》："皇皇后帝，皇祖后稷。"《郑笺》："皇皇后帝，谓天也。"《诗经·周颂·执竞》："上帝是皇。"皇指天帝。又《广雅·释诂一》："皇，美也。"《白虎通义·号篇》："皇者，何谓也？亦号也。皇，君也，美也，大也，天之总，美大称也。时质，故总之也。号之为皇者，煌煌人莫违也。""皇"是"帝"的形容词，形容"帝"的光辉伟大。《尚书序》正义云："帝号同天，名所莫加，优而称皇者，以皇是美大之名，言大于帝也。"刘盼遂《说文练习笔记》引王国维先生谓："皇字金文作'皇'，上象日光放射之形，引申有大义。""大父"亦曰"皇父"，"大帝"亦曰"皇帝"。

在远古神话里，皇帝本来是"皇天上帝"的意思，说明皇帝是一个有着重大发明、功大德美、泽被天下的人，正如燧人氏发明钻木取火而被尊为"燧皇"；伏羲氏作结绳而为网罟，用于捕兽捞鱼，并制定婚姻嫁娶之礼，使人类本身的繁衍进入健康有序的轨道，因而被尊为"羲皇"。

作为天神的"皇帝"为什么又叫"黄帝"呢？随着神话时代的结束和五行说的兴起，人们将五行与五色、五方等有机相配来解释客观世界的变化。《淮南子·天文训》："中央，土也，其帝黄帝，其佐（帮助）后土（管土的神），执绳（法）而制四方。"这就是说，黄帝是管理四方的中央的首领。按五行说，黄色为中央正色，在五行中属土，所以在古人心目中，黄色象征着中央政权，象征着土地，是一种十分神圣的颜色。我国古代的阴阳家又以五德终始之说来解释政权的更替。德，指一种能主宰天道人事的神秘力量，相传为帝王受命之符，每一朝代代表一"德"。因传说中的（轩辕）皇帝为五帝的中央之帝，他是以土德王，土色黄，所以又被人称为"黄帝"。正如史载"炎帝以姜水成，因有火德之瑞，故号炎帝；黄帝以姬水成，因有土德之瑞，故号黄帝"。

### 2. 黄帝为何又名"有熊氏"

战国《竹书纪年》说黄帝居"有熊"，汉代焦延寿《焦氏易林》云："黄帝，有熊国少典之子。有熊，即今河南新郑是也。"史学家王嘉在《拾遗记》中也说："轩辕黄帝出自有熊之国。"《历代帝都》一书也有相关记载："黄帝生于新郑寿丘，即有熊。"《辞源》中"黄帝"条的释文是："（黄帝）生于轩辕之丘，故曰轩辕氏，国于有熊，故亦曰有熊氏。"历代史学家基本认定"有熊"是河南省新郑县（今新郑市）。所以我们可以推断，黄帝曾在新郑建都与生活过，因建国于有熊，黄帝亦称为"有熊氏"。

《山海经·中山经》："熊山有穴焉，熊之穴，恒出神人。夏启而冬闭。是穴也，冬启乃必有兵。"意思是说，有一座高山，叫熊山。山上有很多洞穴，这是熊居住的地方，同时也是神仙出没之所。夏季的时候，这些洞穴大门敞开，冬季的时候，则洞门紧闭。如果冬季洞门大开，那就会出现战乱。可见熊能通神，能决定人间祸福。

熊是有熊氏的族称，其始祖为少典的国君，黄帝曾担任有熊氏的君长。其图腾为两只手供奉着一只熊，熊姓出自黄帝，黄帝号"有熊"，黄帝后裔——楚国的历代君王也均以熊为姓，这个家族是以熊为崇拜物的氏族。《史记·楚世家》记载："高阳者，黄帝之孙，昌意之子也。"楚族的先祖为颛顼帝高阳氏，有熊氏黄帝之后。因此熊图腾在楚族先祖中有着很高的地位，族群的图腾往往成为族群首领的姓氏。楚王的名号，大多冠以"熊"字。《左传》载有楚成王战败吃熊掌赴死的故事，与楚人同宗的夏人也有祖先化熊的传说。可见楚人以熊为图腾由来已久。

### 3. 黄帝为何又名"轩辕氏"

在远古神话里，黄帝是一个十分能干的大神。传说其出生几十天就会说话，少年时思维敏捷，青年时敦厚能干，成年后聪明坚毅。而且黄帝长有四张脸，可以监视四面八方。在民间，还有着种种关于黄帝和他的臣子们创造发明的传说。

"车"作为交通工具和作战设备,在我国已有悠久的历史。我们今天能看到的车最早为商代所制造。甲骨文的"车"作"🚗"、"🚗"等,那时车多为双轮,字形像车的形状,中间有一条长木,就是车辕。古代装有帷幕的车叫"轩",车前面用来驾牲口的那根直木叫"辕","轩辕"合起来就是指古代的车。《路史》中说,黄帝在空桑山北制造车子,以横木为轩,以直木为辕,故号曰"轩辕氏"。因为传说车是黄帝发明的,所以人们就称黄帝为"轩辕氏"。

《史记·五帝本纪》在记载黄帝时云:"黄帝者,少典之子,姓公孙,名曰轩辕。"《帝王世纪》则云:"黄帝……有圣德,受国于有熊,居轩辕之丘,故因以为名,又以为号。"黄帝因居轩辕之丘,故号"轩辕氏"。可见轩辕既为氏名,又是地名。

《春秋·台诚图》称黄帝起于雷电,并说:"轩辕,主雷雨之神。"故有学者认为黄帝最初的神职盖为雷神。《史记·天官书》:"轩辕,黄龙体。"龙为水物,水为云生,《大戴礼记·五帝德》云:"黄帝黼黻衣,大带黼裳,乘龙扆云,以顺天地之纪,幽明之故,死生之说,存亡之难。"《山海经·大荒北经》详细记载了黄帝与蚩尤的战争。蚩尤制造了兵器去攻伐黄帝,黄帝派应龙到冀州原野去抵御他。应龙蓄积水,打算用水淹蚩尤。蚩尤却请来风伯雨师,纵起一场大风雨,使应龙束手无策。后来还是黄帝命令女魃从天上降下来,才止住了风雨,擒杀了蚩尤。这些文献记载虽有神话色彩,但反映了黄帝与水的关系。所以黄帝号"轩辕氏"，与其在神话中担任上天主雷雨之神有一定关系。

### 4. 刑天

刑天在中国古代神话世界里是一个"反抗神的神"。"刑天"在《山海经》中作"形天"，"形"是"刑"的假借字。据《山海经·海外西经》记载："形天与帝至此争神，帝断其首，葬之常羊之山。乃以乳为目，以脐为口，操干戚以舞。"意思是说，刑天和天帝争夺神位，天帝砍断了他的头，并把他的头葬在常羊山。刑天怨气冲天，仍以双乳为眼，以肚脐为嘴，继续挥动武器战斗。刑天的对手是一位天帝，袁珂先生认为此"帝"即上古神话与历史传说中名声极其煊赫的黄帝。刑天是反抗黄帝的战神，是炎帝的大臣，好狠恃勇，不畏战斗。

**刑天**

刑（刑）xíng　"刑"字，金文作"荆"、"荆"等形，左边"井"或"井"表示套在头上的木枷，右边"刂"（刀）是一种刑具，造字本义是用刀砍杀披枷戴锁的罪人。《说文·刀部》："刑，刭也。从刀，开声。"段注："刑者，刭颈也，横绝之也。"

天 tiān    "天"字，甲骨文作"🧍"，上部"▱"是人的头，下部"🧍"（大）是一个正面站立的人形。其字看上去特别突出了人的头部。《说文·一部》："天，颠也，至高无上，从一、大。"可见"天"字的本义为"头顶"。"天"在甲骨文中用其本义的例子较为常见，如"疾天"，意思是头顶生病。

刑天原本是一个无名的巨人，他在与黄帝的大战中被黄帝砍掉了脑袋，这才叫"刑天"。"刑天"乃断首之意。故袁珂先生谓："意此刑天者，初本无名天神，断首之后，始名之为'刑天'。"

一般认为，猎捕人头的风俗存在于原始社会末期的一些部族当中，人们在血族复仇与掠夺战争中，猎取敌人的首级，并通过一定的祭祀仪式加以顶礼膜拜，以达到祈求风调雨顺、保佑平安的目的。很多部族的战士们还认为，通过猎头及进行相应的仪式，死者的力量和勇气会被吸收进自己的体内，使自己获得更强大的力量。猎头的习俗分布范围很广，仅从中国的范围来看，从古代的僚人、滇人到近代的佤族、黎族、台湾高山族、傈僳族等，都曾有猎头的习俗。刑天断首的神话反映了黄帝时代已有猎捕人头的风俗。

5. 蚩尤

蚩尤是中国神话传说中的部落首领，因在涿鹿之战中与黄帝交战而闻名。传说蚩尤不仅会制造金属兵器，还善于作战。他在战争中显示的威力使其成为战争的同义词，他也因此被人尊为战神和兵器之神。

据史书记载，蚩尤与炎帝作战，后把炎帝打败，于是炎帝与黄帝一起联合来战蚩尤。蚩尤率八十一个兄弟举兵与黄帝争天下，在涿鹿展开激战。传说蚩尤有八只脚，三头六臂，铜头铁额，刀枪不入，而且善于使用刀、斧、戈作战，不死不休，勇猛无比。黄帝不能力敌，请天神助其破之，杀得天昏地暗、血流成河。蚩尤被黄帝所杀，帝斩其首葬之，首级化为血枫林。后来黄帝尊蚩尤为"兵主"，即战争之神。他勇猛的形象仍然让人畏惧，黄帝把他的形象画在军旗上，用来鼓励自己的军队勇敢作战，诸侯见蚩尤像皆不战而降。

国画大师范笑歌作品《蚩尤》

**蚩尤**

在中国历史上，春秋以来的古籍对蚩尤传说的记录相当丰富。提及蚩尤最多的，是其与以黄帝为首的部落联盟展开的激战。虽然各说略有差异，但蚩尤与黄帝曾经交战是肯定的。战争过程则更为曲折，且极具神话色彩。蚩尤善战，"制五兵之器，变化云雾"，"作大雾，弥三日"，黄帝"九战九不胜"，"三年城不下"。《鱼龙河图》载黄帝"不敌"蚩尤，"乃仰天而叹，天遣玄女下授黄帝兵信神符"，即依靠女神"玄女"的力量才取胜。蚩尤的形象也随之被神化。

《初学记》卷九引《归藏·启筮》云："蚩尤出自羊水，八肱八趾疏首。"《太平御览》卷七八引《龙鱼河图》云："蚩尤兄弟八十一人，并兽身人语，铜头铁额，食沙石子。"《述异记》云："（蚩尤）食铁石……人身牛蹄，四目六手……耳鬓如剑戟，头有角。"

作为发明剑铠矛戟的战神，为何被人命名为"蚩尤"呢？

**蚩 chī** "蚩"字，甲骨文作"𝄞"、"𝄢"等形，从虫从止。西周金文作"𝄢"，从蚰，寺声，形声字。《说文·虫部》："蚩，虫也。从虫，之声。"本义为虫名，引申为无知、丑陋之义。《六书正伪》曰："凡无知者，皆为蚩名之。"《释名》亦言："蚩，蚩虫也。蚩，痴也。"蚩人即愚人。可见，"蚩"是贬义词。

**尤 yóu** "尤"字，甲骨文作"ᶴ"、"ᵇ"等形。西周金文承袭殷商甲骨文字形特点作"ᶴ"，象形字，象人手部长赘疣之形。朱芳圃《殷周文字释丛》："盖尤为初文，从又、一。又，手也；一，指赘肬。"本义表示手上所生赘疣。赘疣是一种异常现象，故"尤"引申为异。《说文·乙部》："尤，异也。从乙又声。"《左传·昭公二十八年》："夫有尤物，足以移人。"杜预注："尤，异也。""尤"又引申为过失、罪过等义。《玉篇·乙部》："尤，过也。"《诗经·小雅·四月》："废为残贼，莫知其尤。"《郑笺》："尤，过也。"孔广居《说文疑疑》："愚意尤之本义，乃蚩尤之尤，从人又声。尤有异也、过也、甚也之训。蚩尤二字，疑皆因是人而立文，蚩从虫，尤从人，虫训蝮也，命之曰蚩尤者，盖言其毒如蝮而形似人也。"

对于"蚩尤"二字，释者或谓"蚩尤盖以痴之尤异"；或以"蚩从虫"，言其蠢不可及；多以贬之，盖因蚩尤常受汉文史籍特别是长居主流的儒家典籍的恶评。

另外，古人在创制"悬"字时很可能受到了这一传说的影响。

县（縣）xiàn "县"是"悬挂"的"悬"的本字。金文作"🔲"或"🔲"，由"🔲"（木，木桩）、"🔲"（糸，悬吊的绳索）、"🔲"（首，人头）三个部分组成，会意字，表示木桩上吊挂着一个人头。"县"字的造字本义大概就是古籍中所说的"枭首"。所谓枭首，就是把罪犯或仇敌的头颅悬挂在城门前的木桩上，让大家观看，以警戒其他人。根据中国古籍记载，黄帝与蚩尤大战，经过激烈的战斗，黄帝斩了蚩尤，并将他的头挂在辕门前。所以金文的"悬"字很可能是根据这一传说创制的。

篆文的"县"字写作"🔲"，省去了金文的"🔲"，左边是"🔲"，表示头发下垂的头部，突出倒挂的头颅。后来篆文另造"悬"字，底下加"心"字，表示吊挂着令人担心。"县"则用于专指国家一级行政单位。

由于"县"的本义是将砍下的人头悬挂在树上，由此引申为悬挂的意思。《说文·𥄉部》："县，系也。从系，持𥄉。""系"（jì）就是悬挂的意思。如《诗经·魏风·伐檀》："不狩不猎，胡瞻尔庭有县貆兮。"意思是说，你不出去狩猎，为什么你的庭院里挂满了猪獾呀？

　　无论是中国大陆、香港、澳门、台湾的华人，还是侨居在异国他乡的华侨、华裔，他们都将自己称为"炎黄子孙"，在他们的心目中，炎帝和黄帝是中华民族的共同祖先。

# 四、夏商周始祖神话

## （一）夏始祖神话的相关汉字解析

大禹神话是我国最古老的神话之一，古代典籍《诗经》、《山海经》、《国语》、《荀子》、《淮南子》、《汉书》等均有记载。大禹是我国传说时代与尧、舜齐名的贤圣帝王，他最卓著的功绩，就是历来被传颂的治理滔天洪水，又划定中国国土为九州。

大禹是夏代的始祖，这在古文献记载中本来是很明确的。按照《尚书·尧典》和《史记》的记载，尧派鲧治理洪水，鲧治水九年不成，尧禅位于舜，舜殛鲧于羽山，任用鲧的儿子禹继续治水，禹用疏导的办法平治了水土。但是在史传的说法之外，《山海经·海内经》中记载着另外一种说法："洪水滔天，鲧窃帝之息壤以堙洪水。不待帝命，帝令祝融杀鲧于羽郊。鲧复生禹，帝乃命禹卒布土以定九州。"对于大禹身世的描述，充满了神话的色彩，大禹是真实的历史人物还是上古神话中的天神，该如何考察和理解大禹这位重要的人物？那些带有神话色彩的纷繁复杂的故事与传说成为切入的关键。

1. 禹是人还是虫

禹 yǔ  "禹"字，商周金文作"🐛"、"🐛"、"🐛"、"🐛"等形，象形字，象虫之形。春秋金文和战国简文或加偏旁"土"，作"🐛"、"🐛"等形。《金文形义通解》认为"禹"、"虫"同字，甲骨文的"🐛"，西汉作"🐛"，足证"禹"即"虫"。林义光《文源》也认为金文"禹"字为虫名，"皆象头足尾之形"。《说文·内部》："禹，虫也。从厹，象形。🐛，古文禹。"《说文新证》：甲骨文"虫"、"禹"同字，其后"禹"字叠加繁笔，与"虫"遂分为二形。

关于大禹是否真有其人，古史辨派曾提出怀疑。

顾颉刚在《与钱玄同先生论古史书》中写道："至于禹从何来？……我以为都是从九鼎上来的。禹，《说文》云：'虫也，从厹，象形。'厹，《说文》云：'兽足蹂地也。'以虫而有足蹂地，大约是蜥蜴之类。我以为禹或是九鼎上铸的一种动物，当时铸鼎物，奇怪的形状一定很多，禹是鼎上动物的最有力者；或者有敷土的样子，所以就算他是开天辟地的人。（伯祥云：禹或即是龙，大禹治水的传说与水神祀龙王事恐相类。）流传到后来，就成了真的人王了。"顾颉刚用训诂的方法，将"禹"解释为一种有足的大虫，曾作为强有力的动物被铸刻在商周"九鼎"上，古人把这种大虫作为自己崇仰的神，类似图腾，渐渐演变成"上帝派下来治水的神"，进而演变成"最古的人王"。王宇信先生则由虫引申为蛇，由蛇引申为男根，得出禹乃父系氏族社会男性生殖图腾崇拜代表物之证。赵国华在《生殖崇拜文化论》中指出："半坡远古先民以鱼为女阴的象征，到半坡晚期鱼又发展为女性的象征……蜥蜴本是原始先民的一种男根象征物，尔后又发展为男性的象征……鲧是女性势力的代表，禹则是男性势力的代表。"他进一步推测说，鲧禹可能只是代表母系、父系氏族社会的一个"符号"，未必实有其人。

据考察，历史上应该有禹其人。记载大禹事迹的古籍最早可见《诗经》、《尚书》。《诗经·鲁颂·闷宫》："奄有下土，缵禹之绪。"《诗经·大雅·文王有声》："丰水东注，维禹之绩。"《诗经·商颂·殷武》："天命多辟，设都于禹之绩。"产生于春秋时期的铜器铭文《秦公簋》也有类似的记载："鼏宅禹责（绩），十又二公，在帝之坏（坯）。"古文献的记载和地下出土的铭文可以相互印证。王国维先生亦曾依据两件青铜器证明了夏禹是真实存在的。一件就是前文提到的秦公簋（秦公敦），为春秋秦国的铜器，其文曰："秦公曰：不（丕）显朕皇且（祖），受天命，鼏宅禹责（绩），十又二公，在帝之坏（坯）。严恭夤天命，保业厥秦，虩事蛮夏。"另一件铜器是齐侯镈、钟，为春秋曹国的铜器，内有"虩虩成唐（汤）"、"处禹之堵"之句。王国维认为，

秦公敦之"禹绩",即《大雅》之"维禹之绩"、《商颂》之"设
都于禹之绩"……"处禹之堵",亦犹《鲁颂》言"缵禹之绪"
也。郭沫若在王国维考证"禹绩"的基础上进一步指出:"'蛮
夏'即华夷,是则春秋中年中国确亦称夏。上言'禹迹',下言
'夏',则夏与禹确有关系",并得出结论:禹为夏之先祖。

秦公簋　　　　　　　　秦公簋铭文

　　王国维、郭沫若利用两篇金文与
先秦文献的对证,证明了禹真实存
在,禹与夏有关系。但其用以证明夏
禹的两件青铜器都是春秋时代的东
西,而顾颉刚先生等人正是怀疑西周

遂公盨

以前许多有关夏商的历史传说都是春秋战国以后的伪作。而西周
中期的遂公盨铭文的出现,正好满足了这种考证的需要。
　　遂公盨铭文不仅记载了夏禹的名字,还详记了夏禹如何在天
帝的命令指导下降生人间,敷土治水,又将天地之道分成类别,

**遂公盨铭文**

还设立沟通天地的五行之官，最终成为人间百姓的父母，称王设臣，配享天帝，以"德"治理天下。铭文中有关禹的这一系列历史传说，还可以与先秦时期保留远古传说较多如《尚书》之《益稷》、《禹贡》，《诗经》之《商颂》、《大雅》等书面文献相互印证。这就更加充分地证明了夏禹故事在西周以前早已流传。大禹确有其人，不是一个符号，而是真实存在的历史人物。

无论是上古文献记载，还是出土的铭文资料，都证明了大禹是一个治水成功的部族英雄。因其贡献巨大，人们都争相传颂他的丰功伟绩，于是大禹这个历史人物逐渐被人们神化：一是大禹出生的神化；二是大禹治水能力的神化。

### 2. 关于禹的出生

白寿彝先生在《中国通史》中提到：关于禹出生的两种截然相反的传说，一是禹为其母亲修己无夫而生；一是禹为其父亲鲧死后剖腹而生。"总之，无论按哪一种说法，禹都非由父母配合而生，而另有神奇的诞生的经历。"这里，白先生提出了问题，但未作答。笔者将结合上古文献，对大禹出生的神奇经历试作分析。

（1）禹为其父鲧剖腹而生。

关于鲧死禹生故事的记载，最早见于《山海经》和《楚辞》。《山海经·海内经》："洪水滔天，鲧窃帝之息壤以堙洪水。不待帝命，帝令祝融杀鲧于羽郊。鲧复生禹，帝乃命禹卒布土以定九州。"说禹是其父鲧剖腹而生，让人难以理解，屈原似乎对此也持怀疑态度。《楚辞·天问》："永遏在羽山，夫何三年不施？伯禹愎（一作腹）鲧，夫何以变化？"禹竟然是从鲧的腹中变化而来的，怎么会有这种变化呢？看来对"鲧复生禹"和"伯禹愎鲧"这两句话的解释直接关系到对"大禹出生"的理解。

闻一多在《楚辞校补》中认为："案'禹'、'鲧'二字当互易，愎当从一本作腹。《广雅·释诂》一曰：'腹，生也。'腹训生者，字实借为孚。玄应《一切经音义》二引《通俗文》曰'卵化曰孚'，《玉篇》曰'孵，卵化也'，《集韵》曰'孵，化也'。孚孵同，化亦生也……据此，则传说似谓鲧为爬虫类，卵化而成禹，此正问其事，故下文'夫何以变化'也。《海内经》曰'帝令祝融杀鲧于羽郊。鲧复生禹'。复生即腹生，谓鲧化生禹也。《海内经》之'鲧复生禹'，即《天问》之'伯鲧腹禹'矣。"显然，闻先生的论证结果是：禹为鲧剖腹而生。

袁珂《山海经校注》也支持闻先生的观点："经文'鲧复生禹'即《楚辞·天问》所谓'伯鲧腹禹'（原作'伯禹腹鲧'，从闻一多《楚辞校补》改）也；复即腹之借字。……盖鲧之功烈在古神话中犹未全泯也。鲧被殛羽山，死三岁不腐，其腹生禹。"

另外，《初学记》卷二十二引《归藏·启筮》云："鲧殛死，三岁不腐，副之以吴刀，是用出禹。"又《山海经·海内经》郭璞注引《开筮》云："鲧死三岁不腐，剖之以吴刀，化为黄龙。"黄龙即指大禹。二说稍有差别，但意思基本一致，即禹是在鲧死以后从其身体里面取出来的。

男性怎么可以怀孕生子？李衡眉《禹的两种出生说试释》认为："《天问》等文献中所说的'伯禹愎鲧'，即禹是其父鲧剖腹而生。对于这一怪诞的说法，学者多以母亲生孩子，父亲坐月子的'产翁习俗'来解释，是有一定道理的。"人类学家的研究已经证明，"产翁制"曾经盛行于母系氏族社会末期与父系氏族社会早期，这种所谓"产翁制"其实是男性否定和剥夺女性对子女的生育权的一种仪式性制度。"'鲧是男性，剖腹生禹之说虽然诡异，但用民俗学上的产翁习俗来解释，还是可通的'，无非是一种代替产妇来坐月子，以此来证明孩子主要由他所生的习俗罢了。"不过，在人类许多民族的早期神话中，都有男神生子的故事，最著名的当然是希腊宙斯大脑开裂蹦出智慧女神雅典娜、大腿开裂生出酒神狄奥尼索斯的故事。

（2）禹为其母吞珠剖胁所生。

《吴越春秋·越王无余外传》曰："禹父鲧者，帝颛顼之后。鲧娶于有莘氏之女，名曰女嬉。年壮未孳，嬉于砥山，得薏苡而吞之，意若为人所感，因而妊孕，剖胁而产高密。家于西羌，地曰石纽。石纽在蜀西川也。"《竹书纪年》又云："帝禹夏后氏，母曰修己，出行，见流星贯昴，梦接意感，继而吞神珠，修己背剖而生禹于石纽，虎鼻大口……故名文命。"《蜀王本纪》亦谓："禹本汶山郡广柔县人，生于石纽，其地名痢儿畔。禹母吞珠孕禹，坼副而生于县。涂山娶妻生子，名启。"《帝王世纪》也有类似的记载："（鲧）纳有莘氏女，曰志，是为修己。上山行，见流星贯昴，梦接意感，又吞神珠，臆圯胸坼，而生禹于石纽。"以上记载在文字上稍有变化，但其表达的意思基本一致，即禹为其母吞神珠或薏苡（薏苡实为洁白如石珠之状的植物果实）而孕，或剖胁或剖背或剖胸而生。

禹母吞珠剖胁生子，这与商的祖先契为其母简狄吞燕卵所生、周的祖先弃为其母姜嫄"践巨人迹"着孕而生、秦的祖先大费为其母女修吞燕卵所生等情节非常相似。这种"无父而生"的故事，正是远古时期母权制社会婚姻形态的必然结果。马克思说："最有名的希腊氏族，曾改变其名称；他们保存了其始祖的母亲的名称，而把其始祖的诞生归诸她与某神发生关系。"商之于契，周之于弃，秦之于大费，正是我国历史上母系氏族"保存了其始祖的母亲的名称，而把其始祖的诞生归诸她与某神发生关系"的范例。这有力地说明了"民知其母，不知其父"是毋庸置疑的历史事实。

但是，裘锡圭先生对此进行考察后认为，《山海经》、《天问》等书所记"鲧腹生禹"的神话，其形态相当原始，有可能出现得颇早。相比之下，禹母吞珠，孕而生子，则掺杂了更多的神话因素。闻一多也支持裘先生的观点，认为后世记载女嬉和修己之名皆出自对于鲧传说的附会："熙即鲧，而修熙并为玄冥。二名连称，或混而为一，故鲧又名修熙。己熙声近，修己即修熙也。嬉与修己本皆即鲧，是初期传说中但有鲧而无鲧妻，有禹父而无所谓禹母其人者。"以此推算，禹母剖胁生子之说，当晚于鲧腹生禹的传说。所以有的学者干脆认为，禹母吞珠剖而生子，当是儒家学者对于鲧腹生禹的传说无法确切解释，从而依据弃、稷的出生传说而造作出来的故事。

（3）禹为其母鲧剖腹而生。

如果"禹为其母吞珠而生"一说不成立的话，我们是否可以这样假设：禹确为鲧剖腹而生，只不过鲧是女性，禹是男性。鲧和禹并非父子关系，实为母子关系？王宇信由《山海经·海内经》的"鲧复生禹"和《楚辞·天问》的"伯鲧腹禹"（原为"伯禹腹鲧"，此据闻一多《楚辞校补》改）指出鲧孕育了禹，那么"鲧为女性是很明确的"。赵国华《生殖崇拜文化论》也明确提出："鲧是女性，禹是男性，并非父子。"其理由是：①《山海经·海内经》在叙述鲧因窃帝息壤治水被击杀于羽郊后，"鲧复（腹）生禹"，如果鲧是男性，为什么肚腹之中会生出禹来？答案只能是一个：鲧本来为女性，是一位母亲。②鲧又写作"鮌"，乃"玄鱼"二字之合体，而鱼乃仰韶文化期半坡社会女性最重要的象征性符号；半坡远古先民以鱼为女阴的象征，到半坡晚期鱼又发展为女性的象征。鲧即鱼，且能怀胎生子，正说明鲧是母系氏族社会晚期的一位女性。或者可以说，鲧未必实有其人。鲧原来只是代表母系氏族社会晚期女性的一个符号。但有学者立刻反对此说。《山海经·海内经》记载："黄帝生骆明，骆明生白马，白马是为鲧。"《墨子·尚贤》所言更明："昔者伯鲧，帝之元子。"鲧是男性部落首领黄帝的后代，可见早在他出生前，其部落已是男权居主而以父系确认血缘关系的。张开焱考察各家的观点之后，在《鲧的原初性别：女神还是男神？——屈诗释读与夏人神话还原性重构之四》中提出了自己的见解："在关于鲧禹神话的先夏前文本中，鲧的性别原初是一位女神，在此基础上，兼有双性同体的特征。而在夏以后男权社会的流传过程中，这个女性神慢慢地转化为男性神，她身上的女性因子和雌雄同体的特性慢慢模糊消褪，最后，在人们的印象中，完全成了男性神。但仍然有某些尚未能够彻底汰滤掉的女性和双性神因子还存在于这个神身上。"

综上所述，夏代始祖大禹，或由其母吞珠孕育而生，或是鲧剖腹而生。鲧要么是男性，为其父，要么是女性，为其母。其实，这种看似矛盾的解释，却反映了我国氏族社会由母权制向父权制过渡时期的真实情况。拉发格在《思想起源论》中说道：从母权制家庭的宗教传说中，"可以看出两性对抗的许多遗迹，他们互相斗争着，一个要保存自己在家庭中的崇高地位，另一个则要削弱前者的这种地位"。埃及人"宣称正是男人在种族繁殖的行为中担负着主要的职务，而妇女则'像果实的外壳只是承受和培育自己的胎儿而已'；埃及的妇女把这恭维话奉还给他而且自夸说没有男人的协作也能怀孕"。修己"吞珠孕禹，坼副而生"不正是"自夸没有男人的协作也能怀孕"吗？而"伯鲧腹禹"不正是"宣称正是男人在种族繁殖的行为中担负着主要的职务"吗？如果说修己"吞珠孕禹，坼副而生"是对母性的崇敬和留恋，那么"伯鲧腹禹"便是对男性的歌颂与膜拜了。

在人类进化史上，应该有一个"从按女系过渡到按男系推算世系"的时代。那么，中国古代世系由女系计算过渡到按男系计算始于何时呢？有学者研究认为应始于颛顼时代。李衡眉《禹的两种出生说试释》指出："《左传》所谓'自颛顼以来，不能纪远乃纪于近，为民师而命以民事'，可以看作是世系由女系计算过渡到按男系计算的标志。"又《史记·夏本纪》记载"鲧之父曰帝颛顼"。这就是说，在传说的颛顼时代或稍后的鲧时代，我国的母权制已开始衰落，父权制开始兴起。在这个过渡时期，两种制度的斗争与彼此势力的消长是不言而喻的。大禹出生的神话，正是反映了在生殖崇拜中两性间的激烈斗争。恩格斯说："母权制的被推翻，乃是女性的具有世界历史意义的失败。"我们认为，"伯鲧腹禹"传说的产生恰是父权制战胜母权制在中国原始社会史中的反映。

3. 大禹治水

大禹治水的故事历来被人们传颂不绝。相传尧的时代洪水已泛滥成灾，为民所患。《尚书·尧典》："汤汤洪水方割，荡荡怀山襄陵，浩浩滔天。"《孟子·滕文公上》："当尧之时，天下犹未平。洪水横流，泛滥于天下；草木畅茂，禽兽繁殖，五谷不登；禽兽逼人，兽蹄鸟迹之道交于中国。"由于洪水为害，人们生存极其艰难，故而满目荒芜，荆榛遍野，野兽出没，人烟稀少。《淮南子·本经训》："共工振滔洪水，以薄空桑，龙门未开，吕梁未发，江淮通流，四海溟涬，民皆上丘陵，赴树木。"《竹书纪年》："尧十九年，命共工治河。"《尚书·洪范》："我闻在昔，鲧堙洪水。"可见治洪水的并非大禹一人，在禹之前，有其父鲧，在鲧之前更有共工，不过共工治水无功，尧就命鲧去治。鲧用堙塞的方法，结果东堵西决，"九年而水不息"，最后被帝尧殛杀于羽山之郊。

禹受命治水，并有益和后稷做助手。《庄子·天下》："禹亲自操橐耜而九杂天下之川。腓无胈，胫无毛，沐甚雨，栉疾风，置万国。"禹总结并吸收前辈失败的教训，以疏导为主，顺其自然，因势利导，"疏九河，瀹济漯，而注诸海；决汝汉，排淮泗，而注之江"（《孟子·滕文公上》）。历经千难万险，终于治水成功。显然，大禹根治洪水取得的巨大功绩，是与他过人的才智和坚忍不拔的毅力分不开的。《尚书》、《诗经》等文献对大禹的功绩也是倍加推崇。如《诗经·大雅·文王有声》："丰水东注，维禹之绩。"《诗经·大雅·韩奕》："奕奕梁山，维禹甸之。"《诗经·商颂·长发》："洪水芒芒，禹敷下土方。"《诗经·鲁颂·閟宫》："奄有下土，缵禹之绪。"

**大禹治水**

大禹治水，最感人的是关于他本身的传说。《孟子·滕文公上》："八年于外，三过其门而不入。"《尚书·益稷》："娶于涂山，辛、壬、癸、甲，启呱呱而泣，予弗子，惟荒度土功。"《吕氏春秋》："禹娶涂山氏女，不以私害公，自辛至甲四日，复往治水。"治水期间，大禹无暇顾及家庭和儿女私情，躬亲劳苦，手操橐耜，与下民一起栉风沐雨，同洪水搏斗，为天下万民兴利除害。他在治水中表现出的艰苦卓绝的作风、忘我的精神和坚忍不拔的意志，在中国人民心中留下了深刻的印象。

大禹在治水的过程中，同时注意人民生计，指导人们恢复和发展农业生产，特别是治水患时就考虑到兴修水利、修筑沟渠，使其兼具排水和灌溉的功能。《尚书·益稷》："决九川距四海，浚畎浍距川"，意思是：不但疏通了大江大河，还开通了田间沟渠。《史记·五帝本纪》还说："（禹）令益予众庶稻，可种卑湿。命后稷予众庶难得之食。食少，调有余相给，以均诸侯。"大禹一方面救济灾民，另一方面组织农业生产，使百姓安居乐业。《论语·宪问》中说："禹稷躬稼而有天下。"显然，在先秦时期人们的心目中，禹和后稷同为农耕的始祖，大禹教民耕种与治理洪水有着同样重要的意义。

《尚书·禹贡》："禹别九州，随山浚川，任土作贡。"这句话记述了大禹划分九州的传说。九州分别是冀州、兖州、青州、徐州、扬州、荆州、豫州、梁州、雍州。

大禹治水

这是大禹在治水过程中建树的又一项伟大业绩。九州是中国最早的行政区划，无论其可信程度如何，人们总是习惯把中国称为"九州"。因大禹划分九州，故古人又常把中国称为"禹域"。

由于大禹勋劳卓著，"于是天下皆宗禹之明度数声乐，为山川神主"，他也因此受到普天下人民的爱戴和拥护，帝舜就将他确定为继任人选，禅位于他。据说禹也像舜一样，曾让天下于舜子商均，但"天下诸侯皆去商均而朝禹，禹于是遂即天子位，南面朝天下，国号曰夏后，姓姒氏"。禹的儿子启所建立的中国历史上的第一个王朝就被称为夏。夏王朝的建立，标志着中国原始社会的结束和阶级社会的开始，是中国古代社会发展史上一个重要的里程碑。

马克思主义史学家普遍认为，许多民族都有洪水时代的传说，只有大禹治水的故事说洪水被治服，反映了克服自然、人定胜天的伟大民族精神。启继禹位，禅让制终结，表明原始社会向阶级社会的过渡基本结束，奴隶制国家开始形成。禹是部落联盟阶段的最后一位英雄人物，也是世袭王权时代的第一位君主。

## （二）商始祖神话的相关汉字解析

1. "玄鸟生商"——商族起源于鸟图腾的神话传说

图腾一词来源于印第安语"totem"，意思为"它的亲属"、"它的标记"。在原始人的信仰中，他们认为本氏族人都源于某种特定的物种，在大多数情况下，他们认为自己与某种动物具有亲缘关系。于是，图腾信仰便与祖先崇拜发生了关系。在许多图腾神话中，人们认为自己的祖先就来源于某种动物或植物，或是与某种动物或植物发生过亲缘关系，于是某种动物或植物便成了这个民族最古老的祖先。在人类社会发展的初始阶段，世界各民族普遍存在图腾信仰，中国也不例外。

以神话传说来叙述本民族起源，乃是一种常见的现象。中国及世界上其他很多国家均有这种情况。"玄鸟生商"是一个人人皆知的美丽神话传说。千百年来，人们多由此认识商朝的起源。商族是黄河下游古老的夷人部落，帝喾高辛氏后裔。相传有娀氏之女简狄与二女行浴，有玄鸟（燕子）飞过坠其卵，简狄取而吞食，因而怀孕生契，契为商族人始祖，是商族由母系氏族社会向父系氏族社会过渡的第一位男性首领。关于"玄鸟生商"的神话，在《诗经》和《楚辞》等文献中有较早的记载。

《诗经·商颂·玄鸟》："天命玄鸟，降而生商，宅殷土芒芒。"《毛传》："玄鸟，鳦也。"《郑笺》："天使鳦下而生商者，谓鳦遗卵，娀氏之女简狄吞之而生契。"《诗经·商颂·长发》："有娀氏方将，帝立子生商。"《郑笺》："禹敷下土之时，有娀氏之国，亦始广大，有女简狄，吞鳦卵而生契。"意思是说天

**殷商图腾·玄鸟**

帝想要立子，就命令玄鸟降到人间，使有娀氏之女简狄生下了契。玄鸟怎么会使有娀氏之女简狄生下契呢？根据郑玄的解释，玄鸟遗下的蛋被有娀氏之女简狄吞掉，因而怀孕，就生下商的始祖契。

简狄吞食鸟卵而生商的神话，在《吕氏春秋·音初》中有较为详细的记载："有娀氏有二佚女，为之九成之台，饮食必以鼓。帝令燕往视之，鸣若谧隘。二女爱而争搏之，覆以玉筐。少选，发而视之，燕遗二卵，北飞，遂不反。二女作歌一终，曰'燕燕往飞'，实始作为北音。"高诱注："帝，天也，天令燕降卵于有娀氏女，吞之生契。"司马迁《史记·殷本纪》在这些资料的基础上，整理融合成如下完整的故事："殷契，母曰简狄，有娀氏

之女，为帝喾次妃。三人行浴，见玄鸟堕其卵，简狄取吞之，因孕生契。契长而佐禹治水有功。帝舜乃命契曰：'百姓不亲，五品不训，汝为司徒而敬敷五教，五教在宽。'封于商，赐姓子氏。"《列女传》："契母简狄者，有娀氏之长女也，当尧之时，与其妹娣浴于玄丘之水。有玄鸟衔卵过而坠之，五色甚好，简狄与其妹娣竞往取之，简狄得而含之，误而吞之，遂生契焉。"以上记载足以说明，商族的始祖契是其母吞卵感天而生。

商族的始祖本来是无父而生的，但是在《楚辞》里却出现了契的父亲帝喾。《楚辞·离骚》："望瑶台之偃蹇兮，见有娀氏之佚女。"又《楚辞·天问》："简狄在台，喾何宜？玄鸟致贻，女何喜？"王逸注："简狄，帝喾之妃也。玄鸟，燕也。贻，遗也。言简狄侍帝喾于台上，有飞燕坠遗其卵，喜而吞之，因生契也。"又《毛传》："春分，玄鸟降，汤之先祖有娀氏女简狄，配高辛氏帝，帝率与之祈于郊禖而生契。"意思是仲春之月，玄鸟到来的时候，帝喾与简狄夫妇一同祷子于高禖（即郊禖）。高禖之祠是古代一种重要的祭祀礼仪，以祈求生育为目的，远古时代祈子求生多在燕子回归的春季。

而燕子说似乎与商族有更加密切的关系，燕子春分而至，秋分而返，年年如此，非常有规律，观察燕子可以知农时，指导农业耕种，与人们的生存密切相关。封在商丘的阏伯也是因管理"大火星"有功，视星象、教耕种而被封为"火正"，成为商族人先祖的，若此，则绝不是一种偶然的巧合。春分时节，燕子筑巢生子，商族人因此认为燕子来临便是繁殖的好日子。于是，在燕子来临的仲春之时，夫妻双双赴郊外旷野之地，举行求子祭祀活动，这个时期所孕之子，谓之为"玄鸟所生"。

从上述文献记载来看，随着时间的推移，有关"玄鸟"的故事情节从简到繁，逐步演化，但始终没有改变"玄鸟生商"的主题。也就是说，商族人自认为他们的祖先是因上天命令玄鸟而生的，即玄鸟是他们的图腾。在原始社会，由于生产力低下，人们对自然界的各种现象无法理解，总是相信某种动植物或如雷、电等诸神在决定或支配着自身，于是对这种超自然的力量加以崇拜，玄鸟即商族人的图腾崇拜。

地下出土文物也证实了"从鸟降生，是夷人传说的特点"（郭沫若主编《中国史稿》）。商族的祖先为东夷人，而东夷人的祖先为少昊氏。少昊族以鸟为图腾，是由几个胞族组成的部落。其中第一胞族中的五个氏族，分别以凤鸟、玄鸟、伯赵（劳）、青鸟、丹鸟为图腾，其中玄鸟为商族人的图腾。古文学家胡厚宣从殷墟卜辞中找到了祭祀商高祖王亥的"亥"字，其形体从亥从鸟从隹，隹也是鸟形，这便是商族以鸟为图腾的确证。晚商青铜器"玄妇罍"其铭文有"玄鸟妇"三字合文，这更是商族祖先以鸟为图腾的佐证。

2. 何谓玄鸟

玄鸟为商族人的图腾，目前学术界对此已达成共识。商始祖契来源于玄鸟，所以契又被称为"玄王"。如《诗经·商颂·长发》："玄王桓拨。"《毛传》："玄王，契也。"《国语·周语》："玄王勤商，十有四世而兴。"韦昭注："玄王，契也。"朱熹《诗集传》："玄王，契也，或曰以玄鸟降而生也。"此玄王之"玄"字，当源于玄鸟之"玄"字，玄王意即玄鸟所生的王。那么，玄鸟到底为何物？

（1）玄鸟即燕子。

**玄鸟**

《诗经·商颂·玄鸟》："天命玄鸟，降而生商。"《毛传》："玄鸟，鳦也"。《郑笺》："有女简狄，吞鳦卵而生契。"《诗经·邶风·燕燕》："燕燕于飞。"《毛传》："燕燕，鳦也。"由此推之，玄鸟、鸟鳦、燕子，盖一物三名。故王逸《楚辞章句》说："言简狄侍帝喾于台上，有飞燕坠遗其卵，喜而吞之，因生契也。"《说文·燕部》："燕，玄鸟也。笊口，布翅，枝尾。象形。"又曰："鳦，燕燕，玄鸟也。齐鲁谓之鳦，取其鸣自呼，象形也。鳦或从鸟。"这些言论都明确指出玄鸟即燕（鳦），学者多遵从之而无疑义。玄鸟是指黑色的鸟，燕子正是北方春夏常见的黑色候鸟，以燕子释玄鸟是对的。

**燕 yàn** "燕"字，甲骨文作"𤆍"，像一只翅膀尖长、尾巴呈剪刀形的燕子于飞之形。篆文"𧶭"将鸟头

和鸟喙"凵"写成"甘",将鸟的两翼"ᄊ"写成
"ㅆ"。隶书"燕"误将篆文"鸏"的鸟尾形象当作
"火"写成四点底"灬"。段玉裁《说文解字注》说：
"笊（niè，像钳子一类的东西）口，故以廿象之；布
翅，故以北象之；枝尾，与鱼尾同，故以火象之。"
"燕"的篆书和隶书仍为象形字，像一只张口布翅枝尾
飞动的燕子。在卜辞中，"燕"作地名，如："癸丑卜，
行贞：王其步自燕于封，无灾？"（《甲骨文合集》
24248）可知商代已有燕地。北京地区、河北北部、辽
宁西部旧称幽燕之地，又称"幽州"。《周礼·职方》：
"东北曰幽州。"《尔雅·释地》："燕曰幽州。""燕"为
何又称"幽"？《诗经·小雅·隰桑》："隰桑有阿，其
叶有幽。"《毛传》："幽，黑色也。"又"幽"字从幺幺
从山。《说文·幺部》："幺，小也，象子出生之形。"李
玄伯先生考证："玄之初义即系玄鸟，ᣍ（玄）象燕之
形，亦即象玄鸟之形。幺亦即玄鸟之子，所以幺字形与
玄相似，ᣂ（幺）有头有身而无翼，象燕初生之形，ᣍ
（玄）则增翼，羽翼丰矣。"由此我们可以认为，幽燕之
名来源于玄鸟，幽燕即玄鸟。幽燕作为地名，应是商族
人以玄鸟图腾为地名留下的遗迹。

商族人以燕为本族的图腾，并奉之为祖先神。从此，燕成为

深受人类欢迎的一种鸟，人类视之为灵物，并将它作为吉祥的象征。许多贺词等吉祥之语常用到"燕"，如对联："燕语花香阳春景，竹园风和百灵音。"燕是一种候鸟，春分而至，秋分而返。春分时节，燕子筑巢生子，因此人们把燕子到屋檐下或梁间筑巢认为是家道兴旺发达的象征。"燕子飞来，剪开一片春绿"，燕子的一举一动都成了春天的象征，如"莺歌燕舞"、"燕剪柳丝"等都是春天的物象。

（2）玄鸟即凤凰。

《楚辞·离骚》："望瑶台之偃蹇兮，见有娀氏之佚女。……凤凰既受诒兮，恐高辛之先我。"《九章·思美人》："商辛已灵盛兮，遭玄鸟而致诒。"郭沫若诠注说："玄鸟致诒即凤凰受诒，受授省，诒贻通，知古代传说中之玄鸟实是凤凰也……注家以玄鸟为燕，乃后来之转变。"《礼记·月令》疏云："娀简狄吞凤子。"郑玄称玄鸟卵为凤子，因而闻一多《神话与诗·龙凤》云："凤是原始殷人的图腾。"袁珂先生也作如是观："玄鸟即燕子的化身，玄鸟再经神话化，又为凤凰。"

凤（鳳）fèng　　"凤"字，甲骨文作"𩾌"，或"𩾌"，象形字，像华美堂皇的大鸟，头顶华冠"𝐘"，身披带孔眼的修长翎羽"𝄢"。篆文的"凤"为"鳳"，隶书为"鳳"，小篆和隶书的结构相同，均从鸟，凡声，为形声字。《说文·鸟部》："凤，神鸟也。天老曰：'凤之象也，鸿前麟后，蛇颈鱼尾，鹳颡鸳思，龙文龟背，燕颔鸡喙，五色备举。出于东方君子之国，翱翔四海之外，过昆仑，饮砥柱，濯羽弱水，莫宿风穴，见则天下大安宁。'从鸟，凡声。"从许慎所引黄帝的臣子天老的一段话来看，凤凰是杂糅了许多动物的特点，想象出来的一种禽鸟。尤其提到有凤凰出现时，人们将其视为天下安宁的吉兆，将其塑造成一种瑞鸟。

而甲骨文中的"商"字，虽字形多变，繁简不一，但字上部都含有"辛"字，"辛"字当为《说文》中部首"丵"字之省，而甲骨文中的"凤"字也多从"辛"字部首。这似乎可以证明"商"与"凤"有一定的联系。所以，孟世凯《商史与商代文明》认为，"玄鸟"就是神奇的鸟，是五彩的凤凰。商族是以凤凰（玄鸟）为图腾的氏族。这可以进一步证明，商族是"源于古东夷族以鸟为图腾的氏族，其后从少昊部落分化出来的支族"。在商代妇好墓中出土有精美的玉凤，这或许也是关于其凤凰图腾的一个有力佐证。

另外，郭沫若《青铜时代·先秦天道观之进展》认为，玄鸟之"玄"是神玄之意，不当解成黑色，并说："无论是凤或燕子，我相信这传说是生殖器的象征，鸟直到现在都是生殖器的别名，卵是睾丸的别名。"郭先生把"鸟"看作男子的生殖器"祖"，其实也可以理解，正是简狄与"祖"交合才"因孕生契"的。只不过，对男性生殖器的崇拜，已是父系氏族社会阶段之事，综观玄鸟生商之记载，应略早于这一历史时期。

综合以上观点，笔者认为，燕与凤，盖一物二名。《尔雅·释鸟》："鹦，凤，其雌皇。"疏云："凤，一名鹦。"据此，闻一多先生云："燕、鹦音同，燕之通鹦，犹经传以宴、燕、谦通用，金文燕国字作匽若郾也。鹦即燕，是凤皇即玄鸟。……玄鸟即凤皇，故郑称玄鸟卵为凤子。"胡厚宣先生更从甲骨文中"王亥"之"亥"字上部有鸟形分析，"亥"字上的部件"鸟"在康丁时作"𠂤"形，象鸟冠形，由此认为玄鸟也可说成凤凰。其实，燕、凤之间似乎存在着一种演化关系，凤是神话中的鸟类动物，其形状集合包括燕子在内的众多鸟类形体而成。由燕子转化为凤，即由实体动物转化成神话动物，正是商族人起源传说流传过程中的神秘演化，这种升华正符合多数民族神话演化的规律。

### 3. 鸟图腾在商族先公名号中的遗存

《诗经》、《楚辞》等文献记载了商族在上古时代曾以玄鸟为图腾的传说，在殷墟出土的甲骨文中，也已经找到直接可靠的证据。1977 年，胡厚宣先生在《文物》第 2 期发表的《甲骨文所见商族鸟图腾的新证据》一文中公布了 8 片甲骨上的 10 条卜辞材料，其中商先公王亥之"亥"字，在甲骨文中或从鸟，或从隹，隹亦即鸟。如"□□卜，王（贞）：其燎（于）上甲父（王）夒"（《甲骨文合集》24975）。此卜辞的王亥之"亥"字，上冠以鸟，说明王亥与鸟的关系。卜辞提到，王亥是上甲之父，这为王亥与上甲之间的世系关系提供了有力的证据。有的卜辞中的王亥之"亥"字，不仅从鸟，而且鸟头上还有作捕捉状的一只手，即从手持鸟形。结合《山海经·大荒东经》"有人曰王亥，两手操鸟，方食其头"的传说，胡厚宣先生认为甲骨文中"王亥"字样中加鸟形，实是商族以鸟为图腾的确证。于省吾先生不仅肯定了商族图腾崇拜对于研究历史的积极意义，还从古器物中找到了铭文实例来证明，这就是著名的"玄鸟妇壶"铭文。于氏认为"玄鸟妇"三字合文是研究商族人图腾的唯一珍贵史料，是商代金文中保留下来的先世玄鸟图腾的残余。他还引《文物》第5期甲骨卜辞中关于有娀氏女的生育卜辞，证明商代从先世契母简狄一直到乙辛时还与有娀氏保持婚媾关系。更有学者从甲骨文中找出了另外三个字形，也是"玄鸟妇"，认为将其视为吞了玄鸟蛋而受孕的简狄更合适。

王亥在甲骨卜辞中被直呼为"王亥"、"高祖王亥"，或省去"王"字简称"高祖亥"，这种既称高祖又称王或并称的现象，在甲骨卜辞中并不多见，结合对其隆重祭祀的分析，说明其崇高的地位或在商族发展史上的特殊功劳，故有人倾向于"王亥即契"。王亥这个名字出现在甲骨卜辞上的另外一个特别之处，是有时在"亥"字头上加写一个"鸟"字形，成为合文，因而有人臆断王亥与鸟肯定有关系，又联系《山海经·大荒东经》中"有人曰王亥，两手操鸟，方食其头"的记载，认为甲骨卜辞中有"玄鸟生商"即鸟卵感生的内容，并以此作为商族人崇拜玄鸟图腾的新证据。

### 4. 王亥其人

（1）王亥的贡献。

**华商始祖　王亥**

王亥是商族人先祖，有关他的传说散见于《山海经》、《竹书纪年》、《楚辞》等典籍。甲骨卜辞中称之为"高且（祖）亥"或"高且（祖）王亥"。《山海经·大荒东经》中也作"王亥"，《竹书纪年》作"王子亥"或"侯子亥"，《楚辞·天问》作"该"。王国维在《殷卜辞中所见先公先王考》一文中说："卜辞作王亥，正与《山海经》同。又祭王亥，皆以亥日，则亥乃其正字，《世本》作核，《古今人表》作垓，皆其通假字。《史记》作振，则因与核或垓二字形近而讹。"王亥是一位很有作为的人，他在商族人的心目中享有极高的神威。商族人有时用祭天的礼节来祭祀王亥。在商先公中，只有亥称王。在商族人的心目中，王亥有着王者风范和王者之尊的地位。王亥的"亥"字从亥从鸟，也说明王亥在后代人心目中达到了图腾的地位。

　　王亥为何受到后代如此崇拜呢？因为他重视畜牧业，发明了牛车，是中国畜牧业的创始人。

　　《山海经·大荒东经》："王亥托于有易、河伯仆牛。"《楚辞·天问》中提到王亥作"朴牛"，《世本·作篇》、《吕氏春秋·勿躬》作"服牛"。王逸注："服牛，驯牛也。"王国维《殷卜辞中所见先公先王考》："服牛者，即《大荒东经》之'仆牛'，古'服'、'仆'同音。"均指王亥驯养牛羊。王亥之"亥"，应该是"豕"即猪，说明王亥重视畜牧业，饲养"猪"等家畜。《世本·作篇》："相土作乘马……亥作服牛。"《管子·轻重戊》："殷人之王，立皁牢，服牛马，以为民利，而天下化之。"这说明王亥不仅养猪，而且养牛和马。

　　王亥所处的时代为奴隶社会初期，以农业生产为主，生活水平相对低下。王亥时期的商族部落已经能饲养猪、牛、马，从饲养个别家畜到畜牧业逐步发达，既提高了人民的生活水平，又推动了社会的进步。王亥也因此受到后人的崇拜。王国维认为王亥"为制作之圣人"，胡厚宣说"王亥是中国畜牧业的创始人"。

　　此外，王亥也是中国最早的商人，是中国商业的始祖。

　　王亥服牛驯马，发展生产，商族部落迅速强大起来。由于产品有了剩余，王亥和同部落的人就用牛车拉着货物，到外部落去搞交易。于是他开创了华夏商业贸易的先河，久而久之人们就把从事贸易活动的商族人称为"商人"，把用于交换的物品称为"商品"，把商人从事的职业称为"商业"。因此王亥作为华夏商人、商品、商业的缔造者，被后人敬仰。

据郭沫若等人的研究，商族部落的活动中心在今河南商丘。难怪当今海内外商人或漂洋过海，或千里迢迢，纷纷来商丘祭祀商祖王亥，以求商祖保佑他们事业有成、发财致富。

（2）王亥之死。

关于王亥之死，在《山海经·大荒东经》中有较为明确的记载。其文曰："王亥托于有易、河伯仆牛，有易杀王亥，取仆牛。"河伯和有易都是国名，即今之所谓方国和部族名。意思是说，王亥在有易放牧时，被有易人杀死。有易人为什么杀害王亥？《竹书纪年》作了进一步的解释："殷王子亥宾于有易而淫焉，有易之君绵臣杀而放之。"原来是王亥跟有易女子私通，因其淫乱而被杀。

王亥被杀的经过，曾被屈原写入《楚辞·天问》："该秉季德，厥父是臧，胡终弊于有扈，牧夫牛羊？干协时舞，何以怀之？平胁曼肤，何以肥之？有扈牧竖，云何而逢？击床先出，其命何从？……眩弟并淫，危害厥兄。何变化以作诈，后嗣而逢长？"该即亥，季即王亥之父冥之名，有扈即有易。屈原发问：王亥既然秉承父德，那为什么驾车牧羊而被有易人杀害呢？"击床先出"道出事情的原委，因其淫于绵臣之女，甚至"眩弟并淫"。但也有学者对王亥之死提出疑问。既然是"眩弟并淫"，为什么王亥被杀，而其弟王恒却活着？即使王亥与有易女子通淫，其行为不端，也不至于处之以死。田昌五先生指出，在上古时期尚不存在后世的那种婚姻道德观念，"王亥作为一方邦君，即使淫于绵臣之女，甚至'眩弟并淫'，那双方结亲通好就行了"，是不会因此被杀的。

据此，有人认为，王亥到有易从商，让有易人感到了王亥的危险，这种危险就是商族的强大，利益的冲突引发了战争，战争导致王亥被杀。从这个意义上说，"淫"即"浸淫"，有蚕食、扩张之意。王亥宾于有易，以通商为手段，以蚕食、扩张为目的，于是与有易人发生了冲突，导致被杀。此可备一说。

## （三）周始祖神话的相关汉字解析

### 1. "弃"的造字含义

"弃"在《现代汉语词典》中解释为"放弃；扔掉"。但"弃"的本义为"弃婴"，甲骨文作""，按照汉字构造理论来分析，"弃"是会意字，由""（双手形）、""（为古文"箕"字）和""（为"子"字，婴儿状）三个部分构成，像是双手捧着一个装有婴儿的簸箕，准备将其扔掉。

"弃"在古文献中经常写作""，由""、""、""三个部分组成。

""，《说文》释为"不顺忽出也。从到子。《易》曰：'突如其来如。'不孝子突出，不容于内也"，表示反常悖理的现象突然出现。子表示婴儿，到子（倒子）表示头向下的婴儿。"**去**"
在《说文》中作"**㐬**"，或作"**㲋**"，描摹的是一个刚刚降生的还
带着胎液的婴儿。段玉裁注："谓凡物之反其常，凡事之逆其理，
突出至前者，皆是也。"

"**華**"，《说文》释为"箕属。所以推弃之器也。象形"。段
玉裁注："此物有柄，中直象柄，上象其有所盛，持柄迫地推而
前，可云秽，纳于其中。箕则无柄，而受秽一也，故曰箕属。"
此处"**華**"为有柄的簸箕类器具。

"**廾**"，《说文》释为"竦手也。从又从又"，表示两手捧着
什么，以又、又表示左手和右手协同动作。隶变作"**廾**"。扬雄
说："**廾**，从两手。"段玉裁注："此字谓竦其两手以有所奉也。"
宋育仁《说文部首笺正》："**廾**，会意也。竦手者，有所奉持，合
其手，故从二手相对，犹言捧手。""**廾**"的甲骨文写作"**阴**"，
表示双手捧着物品的样子。

综合以上对"**去**"、"**華**"、"**廾**"三个意符的分析，"弃"字
描摹的是双手捧着簸箕一类的器皿，将一个刚刚出生的还带着母
体中的胎液的婴儿抛弃的情形。李孝定在《甲骨文字集释》中
说："（弃）字象纳子于箕中弃之之形，古代传说中常有弃婴之记
载，故制弃字象之。"

## 2. 古代弃子的神话记载

关于弃子之说，最早见于古代神话传说之中。据《诗经》和

《史记》记载，周人的始祖叫"弃"，长大后被尧帝任命为"后稷"，后稷是管理农业官吏的职务名。后稷原名为何叫"弃"呢？为了说明问题，我们不妨摘录原文。

《诗经·大雅·生民》曰："厥初生民，时维姜嫄。生民如何？克禋克祀，以弗无子。履帝武敏歆，攸介攸止，载震载夙，载生载育，时维后稷。诞弥厥月，先生如达。不坼不副，无灾无害。以赫厥灵，上帝不宁。不康禋祀，居然生子。诞置之隘巷，牛羊腓字之。诞置之平林，会伐平林。诞置之寒冰，鸟覆翼之。鸟乃去矣，后稷呱矣。实覃实訏，厥声载路。"

关于周始祖后稷弃出生的神话及其从事农业生产而成功的故事传说，后来又被司马迁写入《史记·周本纪》："周后稷，名弃。其母有邰氏女，曰姜原。姜原为帝喾元妃。姜原出野，见巨人迹，心忻然说，欲践之，践之而身动如孕者。居期而生子，以为不祥，弃之隘巷，马牛过者皆辟不践；徙置之林中，适会山林多人，迁之；而弃渠中冰上，飞鸟以其翼覆荐之。姜原以为神，遂收养长之。初欲弃之，因名曰弃。"

据学者们考证，司马迁《史记·周本纪》所载的姜原，与《诗经·大雅·生民》所载的姜嫄，实为一人，也就是后稷的母亲。她是有邰氏之女，成人后嫁给帝喾为妻，婚后多年没有生孩子，她多次祈求上天仍然无效。一天，姜原到野外去游玩，看见一个巨人的脚印，心里欣然爱慕，立即将双脚踩在巨人的足迹上。过了一会儿，她感到腹中似乎有什么东西在轻轻蠕动，马上意识到自己怀孕了，经过十月怀胎，姜原生下了一个男婴。姜原将这个男婴视为不祥之物，于是拿来一个筐子，把这个刚刚出生的孩子装入筐内，扔在一个狭窄的小巷里，准备让过往的马和牛将他踩死，但无论是马还是牛，从他身边经过都绕着躲开而不踩他。见此情景，姜原又将这个孩子丢弃在山林中，让野兽将他吃掉，此时正赶上树林里人多，不便丢弃。于是又挪了一个地方，将他扔在沟渠的寒冰上，想将他冻死。此时，空中盘旋的飞鸟看到了这个婴儿，纷纷栖息在他身边，用双翼将他紧紧地裹住。看到这一切，姜原以为这孩子是什么神仙转世，不应该丢弃，于是又抱回家中把他养大成人。由于起初想把他扔掉，所以就给他取名为"弃"。后稷弃初生的故事，与"弃"字的造字意义十分接近，因此，我们认为，古人造"弃"字，很可能是受到了这一神话故事的影响。

### 3. 后稷被弃的原因

姜嫄"克禋克祀"以求子，"载震载夙"而孕子，终于"诞弥厥月"而生子，生子之后又"诞置之隘巷"而弃子，弃之不成，又屡迁平林、寒冰，必欲置之死地，实在让人难以理解。《诗经·大雅·生民》、《史记·周本纪》等文献虽然都记载了后稷被弃这一事实，但因这个故事本身的离奇性，加上这些故事传说本身言之不详，后稷遭弃的原因一直是困扰学者们的一大难题。

《史记·三代世表》引褚先生之语曰："后稷母为姜嫄，出见大人迹而履践之，知于身，则生后稷。姜嫄以为无父，贱而弃之道中，牛羊避不践也。"褚先生认为，后稷之所以被抛弃，是因为他无父，其母姜嫄"贱而弃之"。赵国华先生也说："稷之遭弃，是缘于母亲姜嫄无夫而生子。"姜嫄因无夫而弃子，现代有不少学者持此说法。然而，有学者证实，姜嫄生活的时代正是普那路亚婚盛行的时期。所谓普那路亚婚，即外婚制，它是群婚的高级发展阶段。在这种婚制下，有婚姻关系的人群分为两个集团：一个集团的一群姐妹，是另一集团的一群兄弟的共同配偶；反过来说，另一集团的一群兄弟，是一个集团的一群姐妹的共同配偶。古书上所谓"知母不知父"正是这种婚俗的结果。既然姜嫄生活在盛行普那路亚婚的时代，那么，生子而不知其父，想必是很正常的事了，因而后稷无父被弃说也就难以成立了。

俞樾在《古书疑义举例》一书中说道："后稷所以见弃之故，千古一大疑，而不知诗人固明言之，盖在'后稷呱矣'一句。夫至鸟去之后，后稷始呱，则前此者未尝呱也。凡人始生，无不呱呱而泣。后稷生而不呱，是其异也。于是人情骇怪，金欲弃之于隘巷，于平林，于寒冰，愈弃愈远亦愈险，圣人不死，昭然可见。而后稷亦既呱矣，遂收而养之，命之曰弃，志异也。诗人歌咏其事，初不言见弃之由，盖没其文于前而著其义于后，此正古人文字之奇也。后人不达，而异义横生矣。"后稷生而不呱，则见弃。这种观点也很牵强。婴儿出生时哭不出来，可能是某个器官出了问题，后稷出生时"不坼不副，无灾无害"。胞衣未破，也许是弃出生时未哭出声的原因。而且，婴儿生而不呱，也不至于引起人情骇怪，更不会在几次被弃后才哭。至于"夫至鸟去之后，后稷始呱"，则带有几分神话色彩。

也有学者认为，后稷因不祥而见弃。这种说法最早见于《史记·周本纪》："居期而生子，以为不祥。"司马迁仅说后稷是"以为不祥"而见弃，并未说明因何不祥而见弃。后来学者们进一步说是因后稷弃如羊赤多毛，相貌怪异而见弃。近代学者则说，人之出生一般较难，但是后稷弃出生如羊子一样容易，因胞衣未裂，生之顺利，疑有灾害而遭弃。这种说法有合理之处，我们不妨通过对汉字"弃"的考释得到论证。

弃（棄）qì 《说文·華部》云："弃，捐也。从丗推華弃之。从㐭，㐭，逆子也。㝗，古文弃。𣚊，籀文弃。"许氏认为"弃"为弃逆子。此说法不可取。王筠在《说文句读》中说："逆子可弃，而非可以華弃之。……特借㐭（即㐭或㐬）以会当弃之意，非谓所弃者逆子也。不然，则后稷之见弃，岂以其逆乎？"王筠的反驳是有力的。就字形的会意而言，"弃"应该是"弃初生儿"，并非"弃逆子"。小儿出生，大抵头先下，所以用倒子"㐭"象其形兼会其意。又考《说文》，"㐭"不仅象儿之初生之形，亦有逆理违常之意。《说

文·太部》：“太，不顺忽出也。从到子。”又有重文
“㐬”。此古文“突”字，正为“弃”字所从之形。段
氏注曰：“凡物之反其常，凡事之逆其理，突出至前者，
皆是也。”可见，抛弃逆理违常之初生儿，当为“弃”
字之造字本意。但是“逆理违常”仅指体貌特征而已。

　　如果“弃”字之造字本意是抛弃逆理违常之初生儿，那么后
稷弃出生时的体貌特征有何异常呢？对于《诗经·大雅·生民》
中“诞弥厥月，先生如达”之“达”字，各家有不同的看法。
《毛传》曰：“达，生也。姜嫄之子，先生者也。‘不坼不副，无
灾无害。’言易也。”《郑笺》云：“达，羊子也。大矣后稷之在其
母，终人道十月而生，生如达之生，言易也。”毛、郑二人虽训话
不同，但其释义基本相同：姜嫄生后稷，如羊生子，极其容易。
　　关于“先生如达”，清代学者陶元淳解释说：“凡婴儿在母腹
中，皆有皮以裹之，俗所谓胞衣也。生时其衣先破，儿体手足少
舒，故生之难。惟羊子之生，胞仍完具，堕地而后，母为破之，
故其生易。后稷生时，盖藏于胞中，形体未露，有如羊子之生
者，故言如达。”马瑞辰《毛诗传笺通释》也认为“不坼不副”
是“盖谓其胞衣之不坼裂也”，“无灾无害”是“盖连胞而生，
异于常儿，疑其或有灾害也”。
　　后稷出生时胞衣未破，这一点基本得到了后世学者们的认
同。现代神话学家袁珂先生说：“诗说‘先生如达’，‘达’是什

么意思呢？'达'就是羊胞胎的意思，小羊初生，胞胎完具，胞胎落地后，始破胎而出。言后稷生时像羊胞胎那样是一团肉球的形状。"这样，《史记·周本纪》所说的初生儿后稷被"以为不祥，弃之隘巷"才有了根据。姜嫄并不是因为踩了巨人的足迹，也不是因为无夫生子而弃子，而是因为后稷出生时"先生如达"，形体异常，被认为不吉利。

### 4. 弃为何又名"后稷"

**后稷**

弃出生时状貌有异于常人，但其卓越的功德亦非常人所能有。《史记·周本纪》云："弃为儿时，屹如巨人之志。其游戏，好种树麻、菽，麻、菽美。及为成人，遂好耕农，相地之宜，宜谷者稼穑焉，民皆法则之。帝尧闻之，举弃为农师，天下得其利，有功。帝舜曰：'弃，黎民始饥，尔后稷播时百谷。'"弃小时候就有远大的志向。他看到人们追逐动物、采食野果，终日过着漂泊不定的生活，就想：如果能有一个固定供应食物的地方就好了。于是，他通过仔细观察，把野生的麦子、稻子、大豆、高粱以及各种瓜果的种子采集起来，种在自己开垦的土地里。为了更有效地培育这些野生的植物，弃还用木头和石块制造了简单的工具。等弃长大成人，他在农业方面已经积累了丰富的经验。弃毫无保留地把自己的农耕知识传授给人们，从而使人们逐步摆脱了仅靠打猎、捕鱼和采食野果获取食物的生活。帝尧闻知弃懂得稼穑之道，便举用他为"农师"，也就是主管农事、教人耕种的官。帝舜时，黎民百姓缺粮，帝命令他播种百谷，并封他于邰（今陕西省咸阳市武功县西南），号曰"后稷"［高本汉（B. Karlgren）意译后稷（弃）为主管稷谷者］。禹治水成功后，后稷则利用自身的优势，负责在水患平息后的灾区教授黎民播种百谷，恢复农业生产。他还负责粮食的调拨，以有余补不足。在他的管理下，百谷得以按季节茂盛生长。

弃被认为是开始种稷和麦的人，曾在尧舜时代当农官，对当时的农业作出了很大的贡献。于是后世的人们多称弃为"后稷"。但是，据《诗经·大雅·生民》记载，弃所种植的庄稼，除了稷类，还有柜、秠、穈、芑等，那为何特以"稷"为其号呢？

**后稷与农业**

大概是因为稷在远古时期是最重要的谷物之一。《白虎通义·社稷篇》云："稷，五谷之长，故立稷而祭之也。……稷者，得阴阳中和之气，而用尤多，故为长也。"《说文》也将"稷"释为"五谷之长"。《礼记·月令》还把稷称为"首种"，说孟春行冬令，则"首种不入"。郑玄注："旧说首种谓稷。"孔颖达疏：

"按《考灵耀》云,日中星鸟,可以种稷。则百谷之内,稷先种,故云首种。首即先也,种在百谷之先也。"弃的"事业"与稷有很大的关联,弃号"稷",显然是以他的业绩来为他命名的。

《诗经·周颂·思文》云:"思文后稷,克配彼天。"诗文对后稷的评价极高,说他可与天齐。后稷之功在于"立我烝民"。《郑笺》云:"立,当作粒。烝,众也。昔尧遭洪水,黎民阻饥,后稷播殖百谷,烝民乃粒,万邦作乂。"金履祥指出:"《书》曰'播时百谷',《诗》称'诞降嘉种'、'贻我来牟',则百谷之备自稷始也;赵过曰,'后稷始畎田',则畎亩之法自稷始也;晋董氏曰,'辰以成善,后稷是相',则农时之节自稷始也。大哉,后稷之为天下烈矣。"弃的功德至高至大,单用谷物名"稷"来称呼他,似欠敬重。

在"稷"之前加上"后"字,则可在一定程度上弥补这个缺陷。"后"在古代指君王或酋长。《尔雅·释诂》:"后,君也。"徐锴《说文解字系传·通论》:"古谓官长曰后。"在注疏家看来,"后"有"君"的意思,是一个尊奉之词。《国语·周语》:"昔我先世后稷,以服事虞夏。"韦昭注:"后,君也。稷,官也。""后稷"之"后"与"后羿"之"后"用法相同。另因"弃"曾做过主持稷事的工作,是第一个带领部族从事农业生产的人,所以族人尊称他为"粮食的君王或酋长",其"号曰后稷"也是顺理成章的了。

# 五、自然神话

## （一）洪水神话的相关汉字解析

世界各族神话都有一个共同的主题，即洪水神话。典型的洪水神话由洪水灾难毁灭人类和人类再生两部分内容组成，人类再生是洪水神话的基本主题。

### 1. 关于中国的洪水神话

中国古代关于洪水的记载，多和治水相联系，这是中国上古洪水神话的特异之处。如《淮南子·览冥训》："往古之时，四极废，九州裂；天不兼覆，地不周载；火爁炎而不灭，水浩洋而不息；猛兽食颛民，鸷鸟攫老弱。于是女娲炼五色石以补苍天，断

**洪水滔天**

鳌足以立四极，杀黑龙以济冀州，积芦灰以止淫水。"这里说的是女娲补天和治水的故事，女娲用"五色石"补天，说明当时的

初民已经学会了制造或使用石器。女娲用"积芦灰"阻挡洪水，也体现了原始先民运用智慧与大自然作斗争的信心和勇气。

**大禹治水**

关于治水神话，有著名的鲧禹治水。《山海经·海内经》载："洪水滔天，鲧窃帝之息壤以堙洪水。不待帝命，帝令祝融杀鲧于羽郊。鲧复生禹，帝乃命禹卒布土以定九州。"鲧为了阻止洪水泛滥，拯救人类，不惜盗窃天帝的息壤，引起了天帝的愤怒而被杀。因他敢于挑战天帝的权威，倾心爱民，他的悲惨遭遇也赢得了后人深切的同情和尊敬。由于鲧"出师未捷身先死"，新一代的治水英雄禹继承了鲧的遗志。关于大禹治水的神话传说见于"夏始祖神话的相关汉字解析"。

后世所传洪水神话反映了远古某个时期人类在遭到毁灭性的洪水灾异之后，洪水遗民两兄妹结婚，再生人类。有神话说："雷公发洪水，淹没世界。兄妹二人躲在葫芦中，避过洪水。最后，通过滚石磨、抛石等占卜方式，决定结为夫妻，婚后生肉团繁衍出不同的种族。"

另外，北方的洪水神话记载："在遥远的古代，有一次洪水滔天，人类全被淹死了，只有伏羲、女娲兄妹二人在乌龟的保护下躲过洪水，幸免于难。最后他们决定结为夫妻并捏黄泥人，再造人类，从而成为汉族人祖。"在中国历史上，曾经有过漫长的群婚杂交时代，"民知其母，不知其父"。在洪水神话中，为了使人类不至于绝种，同胞兄妹只能近亲结婚繁衍人类。这也反映了人类社会从群婚制向兄妹婚的演变。

### 2. 与洪水有关的"昔"字解析

昔 xī 殷商甲骨文的"昔"字，有两种造型：一种是意符"日"在上部，一种是意符"日"在下部。专家们基本认为这两种字都是甲骨文"昔"。工具书也将这两种字都收录在条目"昔"之下。在西周金文中，"昔"字只有一种造型，即

菁 6.1 甲 2913 合14229
一 期 一 期 一 期

图一

何 尊 史昔鼎 胤嗣壶

图二

上从水，下从日。有人将意符波浪线的叠加"〰"或"〰"解释为"水面"，认为"昔"字像日在浩漫的大水之下，表示太阳在水面以下还没有升起来，故"昔"的本义为白天结束，晚上开始。笔者认为，"昔"字的本义是以前、往昔、远古。"〰"在《甲骨文字典》中解释为洪水横流之形。"昔"的甲骨文"𣇻"或"𣇵"由意符"⊡"（日，太阳）和"〰"（汹涌的波涛，代

表洪水）组成，像太阳漂浮在波浪之上；有的则在水波之下，像是被波浪所淹没，表示洪水滔天。"昔"表示发生全球性洪水的远古时代。古人忘不了洪水之灾害，故将"昔"字取象于"洪水之日"。

关于洪水的神话传说，中国古代文献中有较为丰富的记载。《尚书·益稷》中禹曰："洪水滔天，浩浩怀山襄陵，下民昏垫。"《孟子·滕文公上》记载："当尧之时，天下犹未平。洪水横流，泛滥于天下。"《庄子·天下》中记载："昔者禹之埋洪水、决江河而通四夷九州也，名川三百，支川三千，小者无数。"《淮南子·齐俗训》也记载："禹之时，天下大水，禹令人民聚土积薪，择丘陵而处之。"曾经的洪水灾害是如此惨烈，在人类心中留下不可磨灭的印记，成为一种集体表象，伴随着神话一代一代地流传下来，提醒人们对自然灾害要保持戒惧的态度。

对于远古滔滔洪水产生的原因，学术界曾提出种种解释。史书上也有一些相关的记载。《尚书·大禹谟》中记载："洚水儆予。"注："洚水，洪水也。"意思是上天用洪水来警戒人类。大概是因为下方的民众不行正道，做了种种恶事，触怒了天帝，这才特地降下洪水来警告世人。这种解释同基督教的传说十分相似。《旧约·创世记》第六章也说，耶和华见人在地上罪恶很大，就后悔造人在地上，便使洪水泛滥在地上，毁灭天下。

世界上许多民族，包括中国的许多少数民族，都有关于洪水的神话。然而使神话见诸文字构形，也许只有汉字的一些形体可以直接地传达出上古时代洪水为患的信息。甲骨文的"昔"字所反映的古代洪水泛滥的情景进一步证实了古代神话的真实性。从"昔"字的构形中，我们可以看出，水患确实是上古中国最可怕的灾害。甲骨文和金文的"昔"字，从"〰"从"⊙"，足以反映造字者对往昔滔滔洪水遮天蔽日之凶猛来势的深刻印象。

学者们认为，古籍中所描述的中国古代洪水，是一种大规模的长时间的洪水灾难，这一点已被近代地质学、气象学的科学研究所证明。在冰河期末期，随着气候转暖，大地上冰解雪融，因而导致了全球性的大水灾。而这时正是人类登上历史舞台的开端。这次洪水给处于幼年时期的人类所造成的大灾难，在世界各民族中都留下了不可泯灭的记忆。这些记忆不仅在史籍中以传说的形式被记载下来，在上古神话里也得到了反映，同时也在像"昔"一类的汉字中留下了痕迹。"昔"字的构形，正体现了我们的祖先在洪荒时代深受洪水之苦，以及对痛苦往昔印象之深。

"昔"与"惜"也有语义上的联系。《说文·心部》："惜，痛也。从心，昔声。""惜"字中的"昔"，既表音又表义，其义也与昔日洪水留给先民的痛苦记忆有关。虽然后代各家注释均未提及此义，但《说文》保留了这一古义，这也体现了洪水神话存在于字义上的心理痕迹。

由于"昔"表示的是往日洪水泛滥的日子，所以引申为过去、往日之义。如《诗经·商颂·那》："自古在昔。"《吕氏春秋·淫辞》：“昔者公孙龙之言甚辩。”高诱注：“昔，昨日也。”
唐代崔颢《黄鹤楼》：“昔人已乘黄鹤去。”也有学者对古“昔”
字形体作不同的理解，认为“日”上的“〰〰”不是水，而是一条
条干肉，其意思是：把一条条的残肉放在太阳下晒干。《说文·
日部》：“昔，干肉也。从残肉，日以晞之。与俎同意。”“日字”
用残肉状的“〰〰”作偏旁，日字边表示用太阳晒干这些残肉。这
种看法似乎是错误的。

3. 与洪水有关的“灾”字解析

“灾”是“災”的简化字，是一个会意字，由意符“宀”
（房子）和“火”构成，表示火把房子烧着了。对于人们来说，
房子被火烧了，自然是灾祸临头。那么，“灾”的本义是不是火
灾？在《现代汉语词典》中，“灾”字既指火灾、水灾，也指由
战争引起的兵灾，同时还包括个人遭遇的祸害。不过，水灾、火
灾和兵灾在殷商甲骨文中分别用不同的字来表示。

表示水灾的“巛”字，其甲骨文有两种字形：一种字形写作
“〰〰〰”、“〰〰”、“巛”等，三条波浪线，或横写或竖写，表示水很
多很大，形象地描述了洪水横流的景象。另一种字形写作“〰”、
“州”、“州”等，由意符“州”（川）和“中”（才）组成，增加
了表示意符和声符的“中”（才）。甲骨文的“才”字的本义是半
地穴式民居的草屋屋顶的木架，洪水中出现了民居的木架，说明
洪水极大，将居民建筑冲垮。《说文·川部》：“巛，害也。从一

雍川。"在"川"字上加"—",表示河川不畅,将水堵住,因
而成灾。《春秋传》曰:"川雍为泽,凶。"王筠句读:"巛,谓水
害也。"《玉篇》又云:"巛,天反对时为巛,今作灾。"巛,是上
天对人类的反对行为,是对人类的惩罚。罗振玉《增订殷墟书契
考释》曰:"象水雍之形。川雍则为巛也。其作 ⟨⟨、⟨ 等状者,象
横流泛滥也。"

这个代表水灾的"巛"字,其所描绘的情形与典籍中所记载
的"当尧之时,天下犹未平。洪水横流,泛滥于天下"(《孟子·
滕文公上》)的远古"洪水时代"的情景非常相似。据此,笔者
认为,"巛"字起初当为洪水之患所造之字。

除了水灾以外,威胁先民的还有火灾。

乙959
合18741
宾组

诚明 2

后 2.8.18
合19622
宾组

图一

图一是甲骨文中表示火灾的"灾"或"灾",由意符"∩"
("宀")或"✝"("才")加"火"("火")组成,表示熊熊的烈火烧着
了房子。《说文·火部》:"裁,天火曰裁。从火,𢦏声。灾,或
从宀、火;灾,古文从才。"自然发生的火害叫"裁",其字形采

用"火"作意符，甲骨文"🌿"作声旁。"灾"是"烖"的异体字，其字形采用"宀、火"会意，说明火从屋下烧起，焚烧屋顶。《左传·宣公十六年》："凡火，人火曰火，天火曰灾。"这种火灾是指自然界因雷电引起的火灾。"灾"字的创制，充分反映了远古时期的火灾是威胁人类的重要灾害。

在上古社会，洪水之患以及来自自然的火灾是人类极大的祸害；同时，部族之间的争夺也是常有的事，降临到先民头上的又一大灾害就是兵灾，于是先民又造一"戋"字，读音也与"灾"字相同。

图二

《说文·戈部》："戋。伤也。从戈。才声。"段玉裁注曰："谓受刃也。"可见"戋"的本义是兵刃之灾。这一点从图二的甲骨文中便可以看出。

甲骨文"戋"，从戈从才。意符"才"的本义是殷商半地穴式民居用来支撑草屋顶的支架。这个"才"在甲骨文"🌿"字中是一个非固定意符，可以是"才"，也可以是图二中表示人的头发的意符。其本义大概是战争摧毁了房屋，或者人头被兵器砍断。

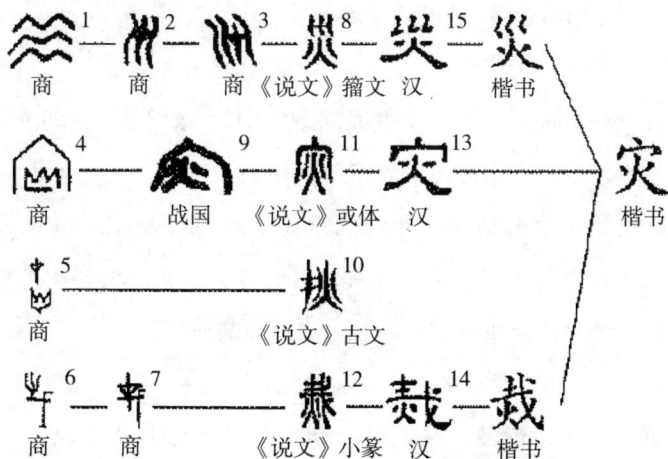

**"灾"字的字形发展轨迹**

古人将灾害分得很细，水灾、火灾、兵灾等各类灾害均造一字，使用时实在太麻烦。商承祚在《福考》中曾说道："（'灾'字）甲骨文从水，从戈，从火。以其义言之，水灾曰巛，兵灾曰烖，火灾曰炗。后孳乳为烖、灾、災、𤈦、灾、𤆎、灾。结构任意，体多误合矣。"不过我们认为，这些字其实同有一源，即从水之灾、从火之灾引申衍化而来。于是在人类所遇到的灾害之中，我们选择了水灾和火灾作为代表，造"災"字用以泛指所有的灾害，上半部从洪水（水灾），下半部从火（火灾）。在整理现代汉字时，又将"災"字简化为"灾"字。由此可见，表示水灾、火灾或兵灾之"灾"字，其合并的历史痕迹非常明晰。

4. 与洪水有关的"州"字解析

州 zhōu　　"州"的甲骨文为"〰"，在"〰"（川）字中间加一个小圆圈，表示河川中央的冲积沙洲。其本义是指水中的陆地，即河流中高出水面的土地。《说文·川部》："州，水中可居曰州。周绕其旁，从重川。"意思是说江河中央可以居住、生活的岛叫"州"。

据上古神话记载，在尧舜时期，中国历史上曾出现过一个"洪水时代"，那时天地茫茫，宇宙洪荒，人民饱受海浸水淹之苦，只能住在水中的高地。而"州"字的创造，正是这种痛苦记忆的再现，也是"洪水时代"的见证。

相传大禹受舜帝之托，率领人民用十三年的时间疏通了许多河道，把上百年的洪水之灾基本抚平，使老百姓能在黄河流域两岸安居下来，免受流离之苦。大禹将洪水治好后把天下划分为九州，于是"州"字成为古代行政区域的专字。根据《尚书·禹贡》记载："禹别九州，随山浚川，任土作贡。"九州分别是徐州、冀州、兖州、青州、扬州、荆州、梁州、雍州和豫州。作为行政区划的"九州"历代所指均有变动，不过"九州"作为中国的代称基本没变。

"州"专用于区域地名后，表示水中陆地的意思，则在原"州"字左边另加义符"氵"，写作"洲"来代替它的本义。例如，《诗经·周南·关雎》："关关雎鸠，在河之洲。"现在作为地名，"州"、"洲"的用法也有不同：一般国内地名用"州"字，如广州、杭州等；世界级地名、海洋环绕的大陆则用"洲"字，如亚洲、欧洲等。国内地名特指水中陆地义仍用"洲"字，如株洲（湖南地名）、沙洲（江苏地名）等。

## （二）日月神话的相关汉字解析

太阳和月亮是人类最熟悉并观测最多的两个星球。远古时期，人们感受到太阳的光热和月亮的光辉，以及它们所引起的日夜更迭、季节轮换，从而将它们视为神物。先民们观测到了太阳、月亮的天象奥秘，但又不能用科学的方式解释这些现象，于是借助丰富的想象和联想，创制了有关太阳、月亮的瑰丽神话，这些神话又被先民作为创制汉字所依据的重要材料。

### 1. 日中有三足乌

日 rì "日"在甲骨文和金文中有多种形体，或作"⊖"，或作"⊙"等。其外形为太阳轮廓，或圆形"○"，或方形"◇"，内有一小横"▬"，或一点"•"，或近似于"乙"字的小弯笔。《说文·日部》："日，实也。太阳之精不亏。从口、一。象形。凡日之属皆从日。⊖，古文。象形"。段玉裁注："日，实也。以叠韵为训。《月令正义》引《春秋元命苞》云：日之为言实也。《释名》曰：日，实也，光明盛实也。'太阳之精不亏。'故曰实。'从口、一。象形。'口象其轮廓，一象其中不亏……'⊖，古文。象形。'盖象中有乌。"根据段注的意思，"⊖"中的"乙"，象日中有乌。

古人创制"日"字，为何圆形的太阳轮廓里有"乌"字？

日中有三足乌

根据《山海经》等古籍的记载，中国远古时代神话传说中的太阳是帝俊与羲和的儿子，太阳共有十个兄弟，这十个太阳兄弟每天都要到汤谷洗浴，汤谷上有棵大树叫扶桑，而且只能让一个太阳停歇在大树的上枝，其他九个太阳只能停歇在下枝，每个太阳都是由一只大乌鸦背着飞行的。这只大乌鸦就是驾驭日车的太阳神鸟，它既有人与神的特征，又是金乌的化身，是长有三足的踆乌。如《山海经·大荒南经》曰："东南海之外，甘水之间，有羲和之国。有女子名曰羲和，方浴日于甘渊。羲和者，帝俊之妻，生十日。"又《山海经·海外东经》云："汤谷上有扶桑，十日所浴，在黑齿北。居水中，有大木，九日居下枝，一日居上枝。"《山海经·大荒东经》亦曰："汤谷上有扶木，一日方至，一日方出，皆载于乌。"这些都是对十日神话传说的记述。

另外，考古发掘的出土文物也有相关记载。在中原地区的仰韶文化彩陶中，就有"日鸟结合"的与太阳相关的图案。如发现于陕西华县泉护村遗址的图案中有展翅飞翔的鸟，鸟的背上有一圆圈表示太阳；发现于河南陕县庙底沟遗址的彩陶盆上有圆圈表示太阳，其下有一鸟，呈正面飞翔的姿势，下有三足。"日鸟结合"的图案生动地反映了上古文献中"日载于乌"的传说。

关于《山海经》中的"皆载于乌"，郭璞注解说"中有三足乌"。《淮南子·精神训》中说："日中有踆乌。"汉高诱注："踆，犹蹲也。谓三足乌。"所以许多学者认为《山海经》中的"载日之乌"就是"三足乌"。

袁珂先生在《中国神话传说词典》中写道："《楚辞·天问》王逸注引《淮南子》（今本无）云：'尧命羿仰射十日，中其九者，日中九乌皆死，堕其羽翼。'则三足乌当指日之精，又或传为驾日车者。"刘毓庆《华夏日月神话文化意蕴之考察》认为日中三足乌代表着鸟图腾部族，"由于鸟图腾部族对于太阳的崇拜，在民族意识的运作中，创造出了日鸟合体的崇拜形象"。

帝俊是一位有着鸟性的大神，"俊"又写作"夋"。在甲骨文中，帝俊的形象如有鸟头的人。袁珂先生认为："帝俊，鸟首。"在文献记载中，帝俊、帝喾和帝舜是一个人的化身。《初学记》

卷九引《帝王世纪》："帝喾生而神异，自言其名曰夋。"郭璞认为，舜就是夋。《山海经》还载有帝舜与五彩鸟交友之事，如《山海经·大荒东经》曰："有五彩之鸟相乡弃沙，惟帝俊下友。"帝俊或帝舜乃东夷鸟图腾信仰中的一位神祇。据学者们考证，帝舜的活动范围大致在今山东泰山一带。

商族也是以鸟为图腾的一个部族，《诗经》、《楚辞》等文献均有记载商族在上古时代曾以玄鸟为图腾的传说，如《诗经·商颂·玄鸟》："天命玄鸟，降而生商。"《山海经·大荒东经》有"有人曰王亥，两手操鸟"的传说，商族人先祖王亥之"亥"字，其甲骨文字样中加鸟形，说明商族是以鸟为图腾的。商祖少昊族也以鸟为图腾，郭沫若从殷墟卜辞中考证，少昊部族"全是鸟的名字，明显的是鸟图腾的残迹"。少昊部族的活动范围大致在今山东曲阜一带。

兴起于东方的鸟图腾部落将太阳视作他们最大的崇拜物，并把日神认作他们的女始祖神。《山海经·大荒南经》曰："羲和者，帝俊之妻，生十日。"郭璞注云："羲和，盖天地始生，主日月者也。"丁山先生认为，生十日的羲和，就是商之女始祖简狄。不少学者认为，"十日"就是甲、乙、丙、丁等十天干。商族人自认为是太阳神的子孙，故其名号多以"日"名，如商之诸王号曰大乙、中丁、盘庚、武丁等。

据此，我们可以认定，《山海经》、《楚辞》、《淮南子》等文献中记载的"日中有乌"、"日载于乌"等都是基于东方鸟图腾部落对太阳与光明的崇拜与景仰而创造出来的"日鸟合体"的形象。

那么，日中之鸟为什么是"乌"而不是别的飞鸟呢？这大概是因为古人观察到乌鸦"晨去暮来"的习性，加上乌鸦自古具有慈孝的美德。《说文·乌部》："乌，孝鸟也。"据说乌鸦具有反哺之义，当乌鸦老的时候，它的孩子小乌鸦就会衔食物来喂养它。唐代李淳风《玉历通政经》云："三足乌，王者慈孝，被于百姓，不好杀生则来。"晋代成公绥《乌赋序》曰："有孝鸟集余之庐，乃喟然而叹曰：余无仁惠之德，祥禽曷为而至哉？夫乌之为瑞久矣：以其反哺识养，故为吉乌……"自汉代以来，乌鸦一直被视为祥瑞之兆，所以，人们将它托载于万物敬仰的太阳，"从天以昭孝也"。

## 2. 月中有兔和蟾蜍

月 yuè "月"字，甲骨文作"☽"，由"☽"加一指事符号"▮"构成。月亮有圆缺变化，古人遂以残缺的圆形即半圆代表月亮。《说文·月部》："月，阙也。太阴之精。象形。凡月之属皆从月。"意思是说月是象形字，象缺月之形。《说文·日部》："日，实也。太阳之精不亏。"可见，"月缺"是相对"日实"而言的。

（1）月亮女神之名的来由。

嫦娥是我国古代神话中的月亮女神，她的名字有多种写法，在《山海经·大荒西经》中作"常羲"，相传是帝俊的妻子。常羲与帝俊生了十二个月亮，如《山海经·大荒西经》："有女子方浴月。帝俊妻常羲，生月十有二，此始浴之。"常羲"生十二月"与上文羲和"生十日"性质相同，"十日"即甲至癸"十天干"，"十二月"即"十二地支"。

嫦娥

"嫦娥"在《吕氏春秋·勿躬》中作"尚仪"："羲和作占日，尚仪作占月。""占"在《康熙字典》中解释为"擅据也，诸位也"，"占月"有管理月亮的意思。由此可知，嫦娥是管理月亮的母神。

"嫦娥"在《世本·帝系篇》中作"常仪"。袁珂先生在《中国神话传说词典》中写道："《吕氏春秋·勿躬》云：'尚仪作占月。'毕沅注云：'尚仪即常仪，古读仪为何，后世遂有嫦娥之鄙言。''鄙言'与否姑无论，是生月之常羲，乃渐演变而为奔月之嫦娥；其身份亦由帝俊之妻，一变而为帝俊属神羿之妻。"

"嫦娥"在《淮南子·览冥训》中作"恒娥"。"羿请不死之药于西王母，恒娥窃以奔月。"后因避汉文帝刘恒讳，改为"姮娥"。许慎注："常娥，羿妻也，逃月中。"在这里，嫦娥是一位服用不死药的不死母神。

从声训的角度来说，"嫦娥"在不同文本中的不同名号没有实质的区别。"尚"、"常"、"嫦"都是阳部字。"恒"、"姮"均为蒸部字。蒸阳可以旁转，而且"昔嫦娥以西王母不死之药服之，遂奔月为月精，则经久不变"，故以"常、恒"名之。"羲"为晓母歌部字，"仪"、"娥"均属疑母歌部字，"娥"有美丽女子之义，嫦娥为永远不死的美丽月神。

（2）关于月中之物——"月中有蟾蜍和玉兔"。

《淮南子·精神训》："日中有三足乌，而月中有蟾蜍。"屈原在《楚辞·天问》中云："夜光何德，死则又育？厥利维何，而顾菟在腹？"萧兵先生认为，"顾"是"鼓"（蛙鼓）的假借字，"顾"就是蟾蜍，"菟"就是兔子。河南信阳出土的汉代画像石

**月中有蟾蜍和玉兔**

刻就是蟾蜍与玉兔并居月中，长沙马王堆一号汉墓出土的帛画，一轮满月上有口衔灵芝的蟾蜍和奔跳的玉兔，都证实了"月中有蟾蜍和玉兔"这一传说。

月亮中为什么出现了蟾蜍？

一说蟾蜍为嫦娥所转化。汉代张衡《灵宪》："羿请不死之药于西王母，姮娥窃之以奔月……遂托身于月，是为蟾蜍。"蟾蜍即蛤蟆，嫦娥因偷食了后羿自西王母处所盗得的不死药，或因负

心而被惩罚，遂变成癞蛤蟆。嫦娥奔月后，在月宫中终日被罚捣不死药，过着寂寞清苦的生活，李商隐曾有诗感叹嫦娥：“嫦娥应悔偷灵药，碧海青天夜夜心。”

二说蟾蜍是食月的凶物。《淮南子·说林训》云：“月照天下，蚀于詹诸。”高诱注：“詹诸，月中虾蟆，食月。”《史记·龟策列传》：“月为刑而相佐，见食于虾蟆。”这些记载都说蟾蜍是造成月食的直接原因，所以很多文人在创作中直接用“蟾蜍”作为“月亮”的代名词。如李白《古朗月行》：“蟾蜍蚀圆影，大明夜已残。”司马光《伫月亭》：“孤蟾久禾上，五马不成归。”

三说月亮与蟾蜍属阴阳配合。《太平御览》引《五经通义》说：“月中有兔与蟾蜍何？月，阴也；蟾蜍，阳也。而与兔并明，阴系于阳也。”《初学记》引《春秋元命苞》也说：“月之为言阙也，而设以蟾蜍与兔者，阴阳双居。明阳之制阴，阴之倚阳。”

关长龙《中国日月神话的象征原型考述》否定了以上说法，并提出：“月亮中的能产女神象征就‘义不容辞’地寄托在蟾蜍的形象上，而蟾蜍的象征意义当然也就是能产的女性。也就是说，人类因月而寄托的不死观念是一种通过母神生育而实现的种族不死的象征原型。”据民俗学的考证，仰韶文化的半坡遗址等出土的彩陶上都有鸟纹和蛙纹图案，蛙曾被原始先民视为女性生殖器官的象征，所以蛙纹（蟾蜍纹）也就被学者们认为是中国母系氏族社会生殖崇拜的遗存。

那么，月亮中为什么出现了兔子，白兔捣药的传说是怎么产生的？闻一多先生认为，白兔就是蟾蜍，"白兔捣药"就是"蟾蜍捣药"。"盖蟾蜍之蜍与兔音近易混，蟾蜍变为蟾兔，于是一名析为二物，而两设蟾蜍与兔之说生焉。"关长龙认为，兔子具有很高的繁殖率，是多产和旺盛性欲的象征，月中的兔子是生育神的象征，也是中国母系氏族社会生殖崇拜的遗存。各家说法不一。总之，汉代以来，月中有兔的说法已被人们所接受，并成为诗人笔下经常歌咏的对象。如贾岛《赠智朗禅师》："上人分明见，玉兔潭底没。"李白《上云乐》："阳乌未出谷，顾兔半藏身。"

后来，人们根据月中有兔、日中有乌的神话传说，分别创造了从口从兔的会意字"圐"和从口从乌的会意字"圙"，见于《俗字背篇》。

## （三）雷神话的相关汉字解析

电闪雷鸣是一种常见的自然现象，具有强大的威力，给先民造成了巨大的恐惧。因此，雷电受到了原始人类的格外崇敬，雷神便成为最早的自然神之一。

雷神，在神话传说中是主管打雷的神。在远古时代，不少民族曾奉雷神为最高的神。克雷是马来半岛色曼人心目中的雷神，在乔治·彼得·穆达克的笔下，克雷是"不可见的、巨大的、无所不能的、无所不知的、威力巨大的"神灵。斯拉夫人"相信只有一个神，即雷电之神，才是万物之王"。古代日耳曼人认为雷神托尔统治太空，掌控风雨雷电与五谷生长。与世界各地的情形相同，我国历史上对雷神的崇拜也是由来已久，源远流长。

### 1. 雷神的形象

雷神

关于雷神的形象，《山海经·海内东经》中有记载："雷泽中有雷神，龙身而人头，鼓其腹。"《山海经·大荒东经》又云："状如牛，苍身而无角，一足，出入水则必风雨，其光如日月，其声如雷，其名曰夔。"《淮南子·地形训》也记载："雷泽有神，龙身人头，鼓其腹而熙。"文献记载雷神的形象基本相同，即半人半兽的人头蛇身形或人头龙身形。雷神形象为何跟龙蛇联系在一起？有人认为雷声在天，而龙亦飞腾于天，将两者结合在一起，便会有雷雨。又因打雷要发出"隆隆"之声，于是又将雷神的肚子想象成一面大鼓，鼓发雷声。

张天兴《太昊伏羲氏是龙文化的创始人》认为，古籀体的"龙"（$\xi$）和甲骨文的"龙"（$\xi$），展现的既是龙图腾的形象，同时也是雷电出现时的闪电图像。周代铭文的"龍"字，其右边仍然是闪电的图像，其左边已经有了雷鸣之"音"的成分。"龍"字的左边是一个"音"字的夸张写法，为雷鸣之音，蕴含着一种"隆隆"声；"龍"字的右边那弯弯曲曲的字形，为闪电之相，显现着新图腾的图像。从古籀体"ᔓ"到现代繁体"龍"的演变，传递了一个重要的信息，即"龙"的命名与电闪雷鸣有着密切的关联。

笔者认为，龙蛇作为图腾神物在人们心中的神圣地位由来已久。龙蛇被奉为雷神形象应是图腾崇拜和自然崇拜相互整合的结果。李炳海先生在《部族文化与先秦文学》一书中写道："雷泽的雷神龙身人头，糅合了人和蛇的形体特点，伏羲氏把龙蛇视为自己的男性始祖，认为自己和龙蛇存在血缘关系，实际上是把龙蛇作为图腾对象。"而神话传说中的伏羲是其母华胥在雷泽履巨人迹而生，雷泽是雷神栖息的场所，暗示着华胥与雷神感应而怀孕生子。"……因此，伏羲氏以龙蛇为图腾对象，同时又传说是雷神之子，雷也是图腾对象。太昊伏羲氏是双重图腾，龙蛇图腾和雷图腾是结合在一起的。……于是，太昊氏先民便在想象中把自己的始祖、蛇虫、雷神联系在一起，它们被整理在同一系统中，成为可以互相确证的对象。先民们不但认为三者之间存在因果关系，而且还以龙蛇形态来描绘想象中的雷神，把它描绘成人首龙身的精灵。"至此，我们可以推测雷神形象产生的依据以及雷神与龙蛇形象的密切联系。在伏羲时代，雷电是最受人们崇拜的神祇，雷神被视为最高的神灵。

### 2. 雷神的名称

雷神在《山海经·大荒东经》中名"雷兽"，其云："东海中有流波山，入海七千里。其上有兽，状如牛，苍身而无角，一足，出入水则必风雨，其光如日月，其声如雷，其名曰夔。黄帝得之，以其皮为鼓，橛之以雷兽之骨。"黄帝用雷兽之骨击鼓，"声闻五百里，以威天下"。郭璞云："雷兽即雷神也。"

雷神又名"雷公"。雷公是司雷之神，属阳，故称公。电母是司掌闪电之神，属阴，故称母。《楚辞·远游》："左雨师使径侍兮，右雷公以为卫。"《论衡·雷虚篇》："图画之工，图雷之状，累累如连鼓之形；又图一人，若力士之容，谓之雷公，使之左手引连鼓，右手推椎，若击之状。其意以为雷声隆隆者，连鼓相扣击之意也；其魄然若敞裂者，椎所击之声也；其杀人也，引连鼓相椎，并击之矣。"根据汉代王充的描述，雷神已经有了左右手，更加具备人的形象。雷公当是人形。

雷神又名"雷师"。《楚辞·离骚》："鸾皇为余先戒兮，雷师告余以未具。"又因雷鸣时如鼓声"隆隆"，故将拟声词"丰隆"作为雷神的名称，如《楚辞·离骚》中的"吾令丰隆乘云兮，求宓妃之所在"。丰隆，据汉代王逸注："丰隆，云师，一曰雷师。"《淮南子·天文训》："季春三月，丰隆乃出，以降其雨。"《汉书·司马相如传·大人赋》："贯列缺之倒景兮，涉丰隆之滂沛。"《文选·思玄赋》："丰隆軯其震霆兮，列缺晔其照夜。"王逸注："丰隆，雷公也。軯，声貌。震霆，霹雳也。列缺，电也。晔，光貌。"而且，按照王逸的注解，丰隆既是雷师，也是云师，一身兼二职而已。有云方有雷，云和雷经常相伴相生，所以云神和雷神合而为一也是可以理解的了。

雷神又名"焚轮"，或"颓"。《尔雅·释天》："焚轮谓之颓，扶摇谓之猋（音飙）。"闻一多说："焚轮盖即丰隆之转。古称雷师为丰隆。""颓"又见于《诗经·小雅·谷风》："习习谷风，维风及颓。"《毛传》云："颓，风之焚轮者也，风薄相扶而上。"孔颖达疏云："维生长之谷风，能及于焚轮，谓之颓。"孙炎曰："回风从上下曰颓，回风从下上曰猋。然则颓者，风从上而下之名。"根据《毛传》和《尔雅注》，"颓"被释为一种旋风；而闻一多先生认为，"焚轮"即"丰隆"，"颓"指雷神。这样看来，二说似相矛盾。

马学良在《汉藏语系语言对于加深汉语研究的作用》中说："但是如果我们参考藏语'brug（比较汉语'丰隆'）兼有'旋风'和'雷'二义，而藏语中也有'br－>d－式音转，就知道汉儒旧诂和闻先生的新解原可并存不悖。这样，我们就可以初步推断：'颓'的原始音是 b'l－（＞d'－），原始义是'风雷'。屈原《离骚》：'吾令丰隆乘云兮，求宓妃之所在。'彝文经籍《宇宙人文论》中说'主管云的是云君，叫弥宏陇。'弥宏陇盖即丰隆之译音，其义与《离骚》所载为云君恰合。要是没有亲属语言作旁证，这个问题是难以评说的。"所以说，"丰隆"和"焚轮"既是雷师，也可以表示旋风。

从以上这些别称中，我们不仅可以看到人们对雷神的不同称谓，还可以发现雷神形象从兽到半人半兽再到人的转变过程。人们对传统的雷神进行了许多人性化的改造，不仅使其保持神性，更增添了人性的因素。

3. 从古文字的角度解析"雷神"形象

　　雷（靁）léi　"雷"字，甲骨文作"🌀"，由"🌀"（申，电之初文）和指事符号"⁝⁝"组成，表示随暴雨、闪电发出的巨响。从形体结构看，"雷"字由"电"字发展而来，而"电"的初文"申"字又是"神"的雏形字。在西周铭文中，从示的"神"和非从示的"申"为同用字，"神"字的写法跟甲骨文的"🌀"相同。郭锡良《汉字古音手册》认为，在古文中，"神"（dzǐen）与"电"（dien）是同音字。许慎说："申，电也。"又说："申，神也。""神，天神，引出万物者也。"于省吾先生认为："本象电光回曲闪烁之形，即'电'之初文，'申'字加'雨'为形符，则变为形声字，古人见电光闪烁于天，认为神所显示，故金文又以'申'为'神'，'神'为'申'的孳乳字。《说文》训'申'为'神'是对的。"这说明古人对"申"字的解释已具有神话的色彩，其中还隐含着远古时期人们对自然神祇的崇拜观念，这种崇拜观念进一步表现在与"申"字紧密相关的"雷"的造字意蕴之中。

"雷"的甲骨文又作"🐛"，即在闪电"ʔ"的两边画两个"田"（🎀）。有人认为，"🎀"是鼓面形的符号，即指鼓，用于表示雷声如众鼓齐鸣，响彻天空。其实这里的鼓形并非真指鼓这一实物，而是由鼓形易让人联想到鼓声，再由鼓声类比雷声，正如《初学记》所言："雷，天之鼓也。"也有学者推断，"🎀"为车轮形，代表战车"🚗"的轮子"⚙️"，古人或许认为伴随着闪电的震天巨响是由天穹轰然驰过的天神战车发出的。可见先民创制的甲骨文的"雷"字将自然界的电闪雷鸣这一现象表现得十分科学，即雷声总是伴随着闪电发生的。

金文的"雷"将两个"田"（🎀）写成四个"田"（🎢），并在上部加"雨"（🌧️），强调打雷时常常伴随着下雨，所以小篆的"雷"字写作"🌧️🎢"，即在"畾"字之上加上一个"雨"字构成，表示雷电经常和下雨同时发生。

《说文·雨部》："雷，阴阳薄动雷雨，生物者也。从雨，畾象回转形。"《诗经·小雅·十月之交》："烨烨震电，不宁不令。"《礼记·月令》："是月也，日夜分。雷乃发声，始电，蛰虫咸动，启户始出。先雷三日，奋木铎以令兆民曰：'雷将发声，有不戒其容止者，生子不备，必有凶灾！'"从这些文字记载中，我们可以看到自然现象——雷的力量以及先民对这种力量的恐惧。由于对电闪雷鸣的恐惧，而且人们又对此无能为力，于是人们逐渐产生了一种意识：打雷闪电是神灵的作用。

由此可见，"雷"字从诞生之日起就与"神"在性质上结下了不解之缘，加上自然的雷声先天性地包含着使人类恐惧的因素，使得人们将它视为神异的力量而加以膜拜，遂形成雷神的观念。

雷神被世界不少民族视为最高的自然神，这与原始社会早期的农牧业生产有着密切的关系。古人观测天象发现，第一声春雷震动，万物复苏。而且雷声多发生在春夏两季，此时正是万物生长、开花、结果的好季节；秋冬之时雷声息止，万物逐渐萧条、衰落。因此古人认为雷电是主宰万物生长之神，是农牧业的保护神。

### 4. 雷神的世俗职责

雷神是主管打雷的自然神，但同时人们还赋予了它很多的世俗职责。在远古时代，原始先民缺乏防范雷电天气的意识，气候变化异常，晴朗的天空突然乌云密布，雷声"隆隆"，雷电有时会击毁树木，击丧人畜。这使人们认为天上有神在发怒，进而产生恐惧之感，对之加以膜拜。神的形象也从单纯的自然神逐渐转变成具有复杂社会职能的神。

《论衡·雷虚篇》："盛夏之时，雷电迅疾，击折树木，坏败室屋，时犯杀人。世俗以为击折树木、坏败室屋者，天取龙；其犯杀人也，谓之（有）阴过，饮食人以不洁净，天怒，击而杀之。"此处雷神的世俗职能表现为惩罚"犯杀人"者和"饮食人以不洁净"者。民间流传的雷神传说中，对雷神惩罚"饮食人以不洁净"者的叙述也不少。爱惜粮食是以农为本的中国传统社会的道德要求。在中国人的传统观念中，不爱惜粮食者必受天谴。民间故事《金圣叹与雷神》中就有雷神击杀浪费粮食的小孩的记载。

雷声发出的"隆隆"巨响，古人认为是天在发怒，人干了坏事触怒了天神，就会遭雷劈，所以雷神有了惩恶扬善的功能。民间就有"罪恶之人，天打雷劈"之说。马来半岛色曼人心目中的雷神"克雷"，就是"不可见的、巨大的、无所不能的、无所不知的、威力巨大的。它创造了人类，给他们灵魂，知道他们犯下的每一桩罪行。尽管它有时是仁慈而和善的。但是，当人们做了错事，它就会发怒，并用雷电警告或杀死他们"。雷神就这样作为世俗之人的法官，俨然成为天刑的执行者，监督着世人的道德行为。

由于雷神主持着人间正义，惩恶扬善，进而引申为对伦理道德的维护，尤其表现为雷神对不孝行为的惩治。"万恶淫为首，百善孝为先。"古人对孝极为推崇，人们常说："人之行，莫大于孝。""雷打不孝子"的故事在传说中有很多相应的记载，这也是

雷神惩治邪恶

人们对雷神最熟悉的世俗职责。

南宋洪迈《夷坚甲志》卷三中的"熊二"就属于此类不孝之子。熊二"禀性悖戾",年迈的父亲不得不以乞食为生。一日，正当熊二与人聚赌时，原本晴朗的天空"忽变阴惨，雨脚如麻，雷电交至"。突然熊二不知去向，大家"相率寻觅"，终于"得尸于郭门外"。不孝的熊二，最终受到了雷神的惩罚。

雷神作为原始先民心目中最高的自然神，人们赋予了它种种世俗职责，表现了世俗的人们对于真善美、忠诚、孝道这些美德的追求。尽管今天我们已经通过科学的认识了解到电闪雷鸣是一种自然现象，它的产生和神灵并没有关系，但是我们今天的生活中仍然保留着雷神的影子。在众多的笔记小说中，雷神对不忠不孝者的惩罚仍然是民间社会言之不尽的不朽母题。这也充分显示了雷神信仰强大的生命力。在这些叙述中，雷神种种正义之举已超出了纯粹行刑的范围，成为规劝世人向善、促使社会和谐发展的伦理支持。

## （四）虹神话的相关汉字解析

"虹"本是大气中一种光的现象，就是我们今天所说的雨后天晴，空中的小水珠经过日光照射发生折射和反射作用而形成的弧形彩带。其亮丽的色彩和独特的形状引起了古人对它的特别关注，并赋予它丰富的文化内涵，因而也就产生了有关虹的各种神奇美丽的神话传说。

| 前7 | 珠 | 菁 |
|---|---|---|
| 7·1 | 452 | 4 |

**图一**

"虹"字，甲骨文作"⌒"，它的字形和自然现象的彩虹很像，于省吾认为甲骨文的"⌒"即是"虹"之初文。我们知道自然界的彩虹两头是没有"两首"的，但是表示自然现象的"虹"字，为什么有"两首"，又从虫呢？陈梦家先生说："卜辞虹字象两头蛇龙之形。"所以后世的古文字学家大都将虹与龙联系在一起。

### 1. 虹状似龙，又有龙饮水之势

**虹** hóng 《说文·虫部》："虹，螮蝀也，状似虫。从虫，工声。"段注："虫者，它也。虹似它，故字从虫。"甲骨文的"它"作"⌇"，像头尖身长的爬行动

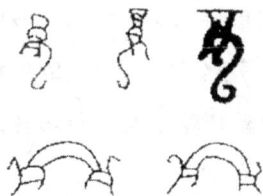

物——蛇，"它"为"蛇"的本字。金文的"虹"作"虹"，由意符"𧍙"（虫）和表声旁也是形旁的"工"（工，有巨大之义）组成，可以理解虹为横穿天空的巨型之物——龙（或大蛇、巨蟒等物）。

图二

图二的上部是甲骨文的"龙"字，下部为甲骨文的"虹"字。"虹"的两首与"龙"的上部非常相像，不同之处在于："虹"长有双头，"龙"则只有一头。"虹"的身躯呈拱形，而"龙"的身体呈弯曲状。我们可以将"虹"看作双首之"龙"。除甲骨卜辞之外，"虹"的这一形状在秦汉时代的文献典籍中也有论述，《山海经·海外东经》就说："蚩蚩在其北，各有两首。"晋代郭璞认为：蚩音虹，即"虹"的异体字。由此可以推测，甲骨文的"虹"字，实际就是传说中的"蚩"这种两首之物的形状。

虹出现在雨后，先民就把它想象成一种能饮水的神异动物。郭沫若考释虹能饮水的传说始自殷商时，如《甲骨文合集》10465："有出虹自北，饮于河。"《甲骨文合集》13442："有虹出自北，饮于河，在十二月。"除了甲骨卜辞，虹饮水的传说，后世文献多有记载。《释名·释天》："蝃蝀，其见每于日在西而见

于东，啜饮东方之水气也。"《尔雅·释天》："螮蝀，谓之雩。蝃
蝀，虹也。"东汉班固《汉书·五行志》："是时天雨，虹下属宫
中饮井水，（井水）竭。"宋代沈括《梦溪笔谈》："世传虹能入
溪涧饮水，信然……予与同职扣涧观之，虹两头皆垂涧中。"

在古史传说中，龙既能飞翔于天空，又能呼风唤雨，与水有
着密切的关系。上引卜辞和典籍之例，都有虹饮水的特点，加之
两者在形状上酷似，所以甲骨文的"虹"字，当是古人对于自然
现象虹的观察，加上对龙的联想的结果。虹能饮水的现象，或许
是古人的幻觉所致，因为人们发现彩虹的时候，它的一端可能进
入了河水中，被误解为大虫饮水。

### 2. 虹有灾祸之兆

商族人认为虹是天帝有意创造的，是一种有生命的东西，并
且是一种神物的化身，它的出现预示着某种吉凶的产生。加上这种
两首之物会吸饮河水，造成干旱，所以虹大抵被视为不祥之征。

（1）虹与自然灾害。

《甲骨文合集》10465："王占曰：有祟。八月庚戌，（有）各
（格）云自东，母（毋）昃，有出虹自北，饮于河。"意思是说：
商王看了占卜情况，发布占辞说，要有灾祸降临。果然占卜之后
的第八天庚戌日就有了灾祸。那就是这天有云从东方飞来，没有
等到太阳偏西就有虹出现。下面是刻在同一片卜辞正反面上的
贞问：

　　庚寅卜，……虹，惟年。

　　庚寅卜，……虹，不惟年。

　　先问有虹出现，年成好吗？再问有虹出现，年成不好吗？从这个正反两面的贞问里可以看出，殷人认为虹的出现可能会影响收成，造成祸患。这种认识也见于后世其他典籍，如《释名·释天》："虹……又曰美人。阴阳不合，婚姻错乱，淫风流行。……此灾气也，伤害于物，如有所食啮也。"《淮南子·天文训》："虹蜺、彗星者，天之忌也。"

　　将虹视为灾异之象，不仅是我们古代先民的普遍认识，世界上也有其他民族将虹视为不祥之物。如孟加拉湾东部安达曼群岛上的居民等，他们认为虹是不吉利的，是生命世界通往幽冥世界的桥梁，有虹出现，则意味着有生命要被摄取走的可能。据说缅甸的克伦人把虹说成精灵和恶魔，认为它能摧毁人的灵魂，在吃饱了人肉之后因口渴而降下头饮水。

　　（2）虹与兵灾。

　　《说文·虫部》："虹，蝃蛛也，状似虫。从虫，工声。"《白虎通义》："天弓，虹也。又谓之帝弓。"唐释慧琳《一切经音义》卷二十一："天弓，亦言帝弓，即天虹，俗名绛。"赵令畤《侯鲭录》卷四也说："天弓，即虹也。又谓之帝弓。明者为虹，暗者为蜺。"因虹的形状与弓相像，有人把虹比附为弓，于是作为自然现象的虹就有了现实当中弓作为一种武器的相似功用。甚至有学者认为虹就是上古神话中后羿射日时所用的神弓。

丁山先生在《中国古代宗教与神话考》中说道："雨滴映日成虹，虹的弧度，转而向日，若以弓射日者然，《天问》所谓'羿焉彃日'，当由天弓射日的喻意演成。《说文·弓部》引《天问》作'弩焉弹日'，形容日在虹的弧线之外，仿佛天弓弹出的弹丸，尤为妙肖！而羿字特从弓作弩，足见屈原作《天问》时，已有虹为天弓之说；后羿善射的故事，必然自虹光弹日的喻言逐渐演绎而成。"继而，丁山先生将后羿的名号"有穷氏"与天弓建立起联系，他说："盖穷从穴，象天体之穹窿，从弓，弓亦声。凡《左传》、《天问》所称'有穷'，均当为穹，穹为天弓……然则后羿之号有穷氏，或曰穷石，或曰阻穷，毋宁说是天弓的喻言。要而言之，有穷者虹也，夷羿者蜺也；虹蜺也者，正是古代人所盛赞的弓神与射神了。"

在中国古代的神话传说中，虹弓被神灵用以惩恶扬善。在印度神话中，虹也是雷神和战神因陀罗（Indra）的弓，他用弓射出闪电，杀死魔鬼。正因为人们将虹与古代战争所用的兵器"弓"联系在一起，因此，在古人看来，虹的出现不仅对农业收成有一定的影响，而且往往预示着兵戈等不祥之事。在希腊神话中，虹直接就是朱庇特从空中降下来的作为战争和暴乱的标志。

作为七彩之虹，白虹最具灾祸之兆。《史记·鲁仲连邹阳列传》曰："昔者荆轲慕燕丹之义，白虹贯日，太子畏之。"如淳曰："白虹，兵象。日为君。"《三国志·吴书·诸葛滕二孙濮阳

传》曰："有白虹见其船，还拜蒋陵，白虹复绕其车。及将见，
驻车宫门，峻已伏兵于帷中。"《晋书·天文志》云："凡白虹者，
百殃之本，众乱所基。……虹头尾至地，流血之象。"《隋书·天
文志》亦曰："十二年二月壬寅，白虹见西方。占曰：'有丧。'
其后十三年，帝崩。"

在殷商时代，人们普遍认为虹为灾异之象，但还没有"白虹
贯日"的说法。汉魏以来，封建帝王为了维护君权，视"白虹贯
日"为凶象。白虹的出现，不仅预示着兵戈之事，有时还预示着
国家的灭亡或君王的驾崩。所以《晋书》视白虹为"百殃之本"。


3. 虹与美人

古时人们认为"虹"不仅是有生命的东西，还是有性别之
物。色彩鲜艳在外的为雄性，叫"虹"，也叫"正虹"；色彩暗淡
在内的为雌性，叫"霓"，也叫"副虹"。两者合称"虹霓"，亦
作"虹蜺"。《毛诗正义》引《郭氏音义》："虹双出，色鲜盛者
为雄，雄曰虹；暗者为雌，雌曰霓。"《初学记》引《春秋元命
苞》："虹蜺者，阴阳之精，雄曰虹，雌曰蜺。"

周丙华在《甲骨文"虹"字文化考释》中说："虹之为物如
龙而分雌雄，双出则有双首，虹之字形如双龙交尾之象；神话传
说中伏羲、女娲为夫妻，为蛇身（应为龙身）之形，且有交尾图
传于世。如此，虹之甲骨文字形正是从伏羲女娲的故事演变而
来，或者说正是从伏羲图腾之象。"

因虹在天空中呈七彩之色，异常
美丽，又被古人联想成美貌的女子，
故虹亦有美人之称。《释名·释天》：
"虹……又曰美人。"《尔雅·释天》：
"蝃蝀，虹也。"郭璞注："俗名为美
人。"关于"虹为美人"的传说，自
古有之。闻一多曾说："不但《高唐
赋》所传的虹的化身是一位美人，而
且在《诗经》中就已经屡次以虹比淫
奔的女子，那很分明的显示着美人虹
的传说，当时已经有了。"

虹与美人

作为一种云雨天象，虹被称为"美人虹"，加上虹（蝃蝀）
有雌雄之别，分数阴阳，双出并现，以之隐喻恋爱婚姻、男女
之合，已是顺理成章的结果了。周丙华认为："古人以'云雨'
为万物化生之始，进以指男女性爱。虹分雌雄阴阳，为云雨之
气象，故又以其隐语性爱。"在民间传说中，还有雄性的虹和
人间的女子幽会并生子的故事。据《搜神后记·虹化丈夫》
记载：

> 庐陵巴邱人陈济者，作州吏。其妇秦，独在家。常
> 有一丈夫，长丈余，仪容端正，著绛碧袍，采色炫耀，
> 来从之。后常相期于一山涧间。至于寝处，不觉有人道

相感接。如是数年。比邻人观其所至，辄有虹见。秦至水侧，丈夫以金瓶引水共饮。后遂有身，生而如人，多肉。济假还，秦惧见之，乃纳儿著瓮中。此丈夫以金瓶与之，令覆儿，云："儿小，未可得将去。不须作衣，我自衣之。"即与绛囊以裹之，令可时出与乳。于时风雨暝晦，邻人见虹下其庭，化为丈夫，复少时，将儿去，亦风雨暝晦。人见二虹出其家。数年而来省母。后秦适田，见二虹于涧，畏之。须臾见丈夫，云："是我，无所畏也。"从此乃绝。

原本象征男女之事的"虹"，在"男尊女卑"的古代社会，又被人们贴上"女子淫乱"的标签。《诗经·鄘风·蝃蝀》："蝃蝀在东，莫之敢指。"《毛传》："蝃蝀，虹也。夫妇过礼则虹气盛，君子见戒而惧讳之，莫之敢指。"这句说的是不敢用手指画蝃蝀（虹），谨防沾上邪气。宋代严粲《诗缉》卷五："蝃蝀者日与雨交，阴阳之气相乱，喻淫奔也。"以天地相接之淫气喻女子与人私奔，意其为淫行。《逸周书·时训解》："虹不见，妇人苞乱。"又《释名·释天》："虹……又曰美人。阴阳不合，婚姻错乱，淫风流行。"《晋书·天文志》："妖气，一曰虹蜺，日旁气也，斗之乱精。主惑心，主内淫，主臣谋君，天子拙后妃，颛妻不一。"虹具有"女子放荡、淫乱"的象征，加之虹的出现被视为不祥之兆，所以虹又被用来隐喻后妃乱政。

4. 虹似桥

甲骨文的"虹"字，其腰腹"⌒"呈拱形，横亘天空的"虹"就好像飞越在广袤天空中的桥梁一样，因此"虹"又引申出"桥"的意思。叶玉森先生将"虹"释为："象桥梁形，疑桥之初文。"虹具有桥的沟通作用，在传说中，虹连接的不是水域的两岸，而是天地人神。在希腊神话中，众神与凡间的使者是彩虹女神伊里斯，她的主要任务是将善良的人死后的灵魂，经由天地间的彩虹桥携回天国。我国古籍文献中也有关于彩虹桥的传说，此不赘述。

# 六、英雄神话

## （一）夸父逐日神话的相关汉字解析

### 1. 夸父逐日的神话记载

"夸父逐日"、"鲧禹治水"和"后羿射日"都是我国古代极具英雄传奇色彩的神话传说。最早记载"夸父逐日"神话的典籍是《山海经》。

《山海经·大荒北经》："大荒之中，有山名曰成都载天。有人珥两黄蛇，把两黄蛇，名曰夸父。后土生信，信生夸父。夸父不量力，欲追日景，逮之于禹谷。将饮河而不足也，将走大泽，未至，死于此。应龙已杀蚩尤，又杀夸父，乃去南方处之，故南方多雨。"

夸父是古代神话传说中的巨人，是幽冥之神后土的后代，住在北方荒野的成都载天山上。他双耳挂两条黄蛇，手执两条黄蛇，去追赶太阳。当他到达太阳将要落入的禹谷之际，觉得口干舌燥，便去喝黄河和渭河的水，河水被他喝干后，口渴仍没有止住。他想去喝北方大泽的水，还没有走到，就渴死了。夸父临死前抛掉手里的杖，这杖顿时变成了一片鲜果累累的桃林，为后来追求光明的人解除口渴。

关于"夸父逐日"的故事，在《山海经·海外北经》和《列子·汤问》中都有相似的记载。《山海经·海外北经》："夸父与日逐走，入日。渴欲得饮，饮于河渭，河渭不足，北饮大泽。未至，道渴而死。弃其杖，化为邓林。"《列子·汤问》："夸父不量力，欲追日影。逐之于隅谷之际。渴欲得饮，赴饮河渭。河渭不足，将走北饮大泽。未至，道渴而死。弃其杖，尸膏肉所浸，生邓林。邓林弥广数千里焉。"

以上三处文献的记载大同小异，《山海经·海外北经》言"夸父与日逐走"，而《山海经·大荒北经》说夸父"欲追日景"。郝懿行云："《北堂书钞》一百三十三卷，李善注（《文选》）《西京赋》、《鹦鹉赋》及张协《七命》引此经并作'与日竞走'，《初学记》一卷引此经作'逐日'。"袁珂先生指出："竞、逐互见，是一本作竞也。"不难看出，《山海经·海外北经》中的"与日逐走"与《山海经·大荒北经》中的"欲追日景"表达的意思基本一致，也就是说夸父要追逐日影。

"欲追日景，逮之于禺谷"，"禺谷"（亦作"隅谷"）即"禺渊"、"虞渊"。郭璞有注云："禺渊，日所入也，今作虞。"禺谷也就是太阳落下的地方。显然，《山海经·大荒北经》记载的史实是，夸父不自量力要追逐日影，一直追到太阳落下去的地方，后因饮水不足而死。那么，《山海经·海外北经》中的"与日逐走，入日"该如何理解呢？有学者认为，"入日"即接近太阳或进入太阳圈。郭璞对"入日"注释曰"言及于日将入也"，"及于"即"及至、追赶到"之意。郭璞的解释与《山海经·大荒北经》中的"逮之于"和《列子·汤问》中的"逐之于"的意义基本一致：夸父一直追赶到"日将入也"，即追赶到太阳将要落山的地方。

夸父追日

由此可以推测，夸父之死的直接原因当然是"道渴而死"，但这种干渴并不是由他接近太阳或进入太阳圈所致，而是由他"不量力"地追逐日影所致。那么，他何以要如此辛劳地去追逐日影呢？由于原始初民对大自然中的很多现象无法解释，对日出、日落以及太阳在一年四季中所赋予自然和人类的一切都感到神秘莫测，于是人们就会对太阳产生敬畏心理。后来，人们便会去不断探求它的运转与年岁周期、四季分割等方面的关系问题，以此来指导自身的生活生存、生产劳动、族群迁徙等。

## 2. 从古文字的角度看夸父测日影

**夸** kuā "夸"字，甲骨文作"𣏈"，由"𠂤"和"𣥂"组成。"𠂤"，即竽，是一种乐器（葫芦笙）；"𣥂"，即大，象人体张大、跨步跳舞之形。金文作"𣥂"，甲骨文的左右结构变为上下结构，也是由"𠂤"和"𣥂"组成。"夸"字的造字本义是吹芦笙跨步跳舞以取悦对方。"夸"字上从"大"下从"于"，"大"象人跨步之形。"夸"字的结构体形可以引申出跨度之义，"夸"为"跨"的本字。《汉书·诸侯王表》："而藩国大者，夸州兼郡。"颜师古注："夸音跨。"《新唐书·孝友传》："广明后，方镇凌法，夸地千里，事不上闻。"夸即跨越之义。后来，为了专门表示跨越、跨步之义，古人又在"夸"字旁加一"足"字，"跨"就成为跨步之专字。

《说文·大部》："夸，奢也。从大，于声。""夸"字从"大"取类，以人体的张大手臂表示一般抽象之大。"夸"字引申出夸张、夸奢之义。

**父** fù "父"字，甲骨文作"𠂇"，在"𠂇"（手）旁加一指事符号"丨"。郭沫若认为："父乃'斧'之初字。石器时代，男子持石斧以事操作。"据考证，"丨"这个意符在甲骨文系统中反复出现，但没有"石斧"的意思，那么，甲骨文的"𦨶"，手所持"┃"为何物？《说文·又部》："父，……从又举杖。"《说文·木部》："杖，持也。从木，丈声。""丈"当是"杖"之本字。《说文·十部》："丈，十尺也。从又持十。"《说文·十部》："十，数之具也。一为东西，┃为南北，则四方中央备矣。"如此看来，"十"字器在握，自可"丈量"天地四方了。按照《说文》的联类，"┃"是丈量天地的一种工具。又《说文·又部》："父，矩也，家长，率教者。从又举杖。"这里的"矩"是规矩之"矩"，也就是一种尺的意思，意思是说父亲应该是子女的一杆道德上的标尺。

据此，臧克和先生认为，"夸父"得名于"规矩"，或者说"夸父"就是"规矩"的转语，人名来自工具之号。"夸父"的特征之一是与"规矩"一词存在着相同的语源，"夸父"属于溪母鱼部字和并母鱼部字，"规矩"属于见母支部字和见母鱼部字，两者读音极为相近。"夸父"的特征之二是"夸"字所指与"规"对应，"父"字所指与"矩"对应，"夸父"作为人格化的名词，首先来自作为"规矩"的工具。这是一条常见的神话命名原则，德国哲学家恩斯特·卡西尔在《神话思维》中说道："从人一开始使用工具，他就从来未把工具看作是人造的东西；相反，工具被当作一种因其自身而在的存在，赋有着自身的力量；

工具不受人的意志支配，反倒成为人受其意志支配的神或鬼——人感到自身依赖于它，于是就以种种具有宗教崇拜性质的礼仪崇拜它。在原始时代，斧头和锤子似乎尤其获得过这种宗教意蕴；对其他工具，诸如锄头、鱼钩、矛或剑的崇拜至今尚可在未开化部族中发现。在依韦部族中，铁匠使用的锤子被看作是一位强有力的神，依韦人崇拜它并向它奉献牺牲。工具从未被看成是人制造的东西、某种想到而后制造出来的东西；相反，工具被视为某种'天赐之物'。工具并非起源人自身，而是起源于某种'文化英雄'，这个英雄要么是神，要么是兽。"在上古社会，人们对于天地四时的观测工作极为重视，往往需要"分派"专职官员，长期驻守在某个固定的相应的观测地点，"夸父"（规矩）作为人们观测日影、划分时间的工具，逐渐被人格化，成为观测太阳运行情况的专职人员。

上文提到，夸父与日逐走，是为了追逐日影（太阳的投影）；夸父举杖（丈），即举着测日之器，是为了观测天象。《山海经·海外北经》里记载了夸父弃其杖，道渴而死的事实，"举杖"和"弃杖"说明"杖"（丈）始终是夸父观测日影的一种道具。这也反映了远古时期，我们的先

**夸父举杖**

民已经充分意识到日影长短是随着地理纬度的变化而变化的。这也再次证实,远古时代的人们观测天象、测量日影,是以太阳在天空中运行移动的轨迹来确定时序季节的变化和一天时间单元的划分的。

3. "夸父"与"举父"、"博父"

"夸父"在《山海经·西山经》中作"举父","崇吾之山。在河之南,北望冢遂,南望䍃之泽,西望帝之搏兽之丘,东望蝘渊。有木焉,员叶而白柎,赤华而黑理,其实如枳,食之宜子孙。有兽焉,其状如禺而文臂,豹虎而善投,名曰举父"。郭璞注云:"或作夸父。"郝懿行曰:"举、夸声近,故或作夸父。"夸与举都属鱼部字,声母也相近,所以举父与夸父为同一所指。

"夸父"在《山海经·海外北经》中作"博父","博父国在聂耳东,其为人大,右手操青蛇,左手操黄蛇。邓林在其东,二树木。一曰博父"。郝懿行认为,博父即夸父。何九盈等《汉字文化大观》认为,夸(举)与博可能是由复辅音 K'/kp - 分化而来的。

又《山海经·海外北经》:"夸父与日逐走,入日。渴欲得饮,饮于河渭,河渭不足,北饮大泽。未至,道渴而死。弃其杖,化为邓林。"郭璞注云:"夸父者,盖神人之名也。"《淮南子·地形训》:"夸父弃其策,是为邓林。"高诱注:"夸父,神兽也。……策,杖也。其杖生木而成林。邓,犹木也,一曰仙人也。"朱芳圃认为，夸父即玃父。《尔雅·释兽》："猱猨善援，玃父善顾。"郭璞注："猳玃也，似猕猴而大，色苍黑，能攫持人，好顾盼。"《说文·犬部》："玃，母猴也。从犬，矍声。"《吕氏春秋·察传》："狗似玃，玃似母猴，母猴似人。"高诱注："玃，兽名也。"玃又作蠼，郭璞注："今建平山中有蠼，大如狗，似猕猴，黄黑色，多髯鬣，好奋迅其头，能举石擿人，玃类也。"朱芳圃的观点大概是由此推断而来的。夸父即玃父，玃父以其性能为名，夸父是一种善援、善投、好顾、好攫、感觉灵敏、动作敏捷的动物。据传，猱猨饮水，或自悬崖相接而下，饮毕连引而上。关于夸父逐日道渴而死的神话，当由此幻化而来。而且，玃为见母铎部字，与夸、举、博音近，夸父与玃父都是叠韵联绵字，是夸父氏族的动物图腾。据此，我们可以推测，夸父逐日的神话当由母猴健走演化而来，它表现了夸父氏族的英雄气概，反映了原始人类在实际生活中同自然作斗争的坚决意志。

### 4. 与夸父逐日相关的"是"字解析

是 shì　"是"字，甲骨文不见，最早见于金文。金文的"是"写作"𥌓"，从"☉"（日，太阳）从"𠂇"（又，手）从"止"（止，即"趾"，脚），甲骨文的"𐊌"（止），有表示向前走或追赶的意思。所以从日从止从手的"是"字，可以会意为手脚并用，去追赶太阳。

有的金文，从"☉"从"✋"之形连写，近似"早"字，所以有人认为"是"字从早从止，并分析认为，"早"表示早晨的太阳，给人带来光明，所以"是"字表示有人追赶太阳或追求光明。

篆文的"是"字写作"是"，从"✋"（又，手）从"止"（止）连写成"正"（正），所以"是"字又可以分析为从"☉"（日，太阳）从"正"（正）。甲骨文的"正"写作"正"，有征战、讨伐的意思，"正"是"征"的本字。所以"是"依然可以会意为去追赶太阳或征服太阳。

综上所述，金文和篆文中不同结构的"是"字，有一个共同点就是均有"日"和"止"，而它们所表示的意义也因此有着共同之处，就是追赶太阳。从"是"字的结构分析，人们很容易联想起上文的"夸父逐日"的故事。

由此看来，先民创造"是"字，可能是受到了上古时期广为流传的"夸父逐日"神话故事的影响。

《说文·是部》："是，直也。从日、正。"段玉裁注："以日为正则曰是。从日、正，会意。天下之物莫正于日也。……以日为正，则正于日也。"《尔雅·释言》："是，则也。"

由此可以看出"是"有准则的意思。"日"即准则，安子介在《解开汉字之谜》中说道："早期人类除了从太阳那里能得到正确的方向外，别无他法。"以"日"为准则，反映了我们先民在上古时期对自然的依赖。"日"即万事万物之源，以"日"为标准断定其他事物是否"直"即为断定，所以"是"又引申为"是非"的"是"，表示判断。

## （二）后羿射日神话的相关汉字解析

### 1. 后羿射日的神话记载

后羿射日神话最早见于战国文献《楚辞·天问》："羿焉彃日？乌焉解羽？"意思是后羿怎么射日，乌鸦怎么掉羽。不过，后羿射日神话最完整的表述是在汉初的《淮南子·本经训》里："逮至尧之时，十日并出。焦禾稼，杀草木，而民无所食。猰貐、凿齿、九婴、大风、封豨、修蛇皆为民害。尧乃使羿诛凿齿于畴华之野，杀九婴于凶水之上，缴大风于青丘之泽，上射十日而下杀猰貐，断修蛇于洞庭，擒封豨于桑林。万民皆喜，置尧以为天子。"

**扶桑树**

### 2. 关于后羿其人

学术界对后羿神话的主人公有不少争议。白寿彝主编的《中

**后羿射日**

国通史》认为："在神话传说中，羿有两个。一个是尧时的后羿，为人民除害，后为逢蒙所杀，但死后受到人们的崇祀（也就是上文中射落了九个太阳的羿）。另一个是夏代的东夷族的夷羿，因夏民以代夏政。他不恤民艰，以射猎为乐，最后为寒浞所诛。前者是神话，后者是传说，虽然两人的名字相同，又都被人所杀，但人们对他们的态度并不相同，神话中的后羿'能御大灾，能捍大患'，'以死勤事'，因而人们视之为英雄，尊之为神祇。传说中的夷羿因夏民以代夏政……夷羿不恤民艰，又终于被杀。"

关于夏代的夷羿，在《左传·襄公四年》里有较详细的记载。

> 公曰："后羿何如？"对曰："昔有夏之方衰也，后羿自鉏迁于穷石，因夏民以代夏政。恃其射也，不修民事而淫于原兽。弃武罗、伯困、熊髡、尨圉而用寒浞。寒浞，伯明氏之谗子弟也。伯明后寒弃之，夷羿收之，信而使之，以为己相。浞行媚于内而施赂于外，愚弄其民而虞羿于田，树之诈慝，以取其国家，外内咸服。羿犹不悛，将归自田，家众杀而烹之，以食其子。其子不忍食诸，死于穷门。靡奔有鬲氏。浞因羿室，生浇及豷，恃其谗慝诈伪而不德于民。使浇用师，灭斟灌及斟

寻氏。处浇于过，处豷于戈。靡自有鬲氏，收二国之
烬，以灭浞而立少康。少康灭浇于过，后杼灭豷于戈。
有穷由是遂亡，失人故也。"

　　文中的"后羿"、"夷羿"和"羿"，应指同一个人，即夏代
的夷羿，也就是有穷后羿。高诱为《淮南子·俶真训》作注时说
道："尧时射日之羿，非有穷后羿。"王逸为《楚辞·天问》作注
时也说："此言射河伯、妻雒嫔者，何人乎？乃尧时羿，非有穷
羿也。革孽夏民，封浞是射，乃有穷羿耳。"高诱和王逸都强调
尧时羿与有穷后羿实为两人。

　　另外，也有学者指出，羿至少或者说重要的有三位：帝喾时
羿、尧时羿、夏有穷后羿。著名学者杨伯峻在《论语译注》中写
道："在古代传说中有三个羿，都是射箭能手。一为帝喾的射师，
见于《说文》；二为唐尧时人，传说当时十个太阳同时出现，羿
射落了九个，见《淮南子·本经训》；三为夏代有穷国的君主，
见《左传》襄公四年。"

　　由于上述诸说的存在，后羿神话的主人公显得更加混乱。不
过细考这些看似矛盾混乱的神话传说，它们却有一个基本的共同
特征，即羿因善射而执掌与之相关的神性，成为发明弓箭、为民
除害的神灵。

　　据考证，尧执政时，已发明了弓箭。弓箭的发明，是新石器
时代生产技术的重大革新。后羿神话的流传，反映了先民用高超

的射箭技术战胜自然界种种困难的信心和勇气。

### 3. "后羿"的得名

后羿

羿（羿、帠）yì　"羿"字，甲骨文和金文不见。《说文》收有两个"羿"字。一个收在羽部，写作"羿"，《说文·羽部》："羿，羽之羿风。亦古诸侯也。一曰：射师。从羽，开声。""羿"从羽，说明其与箭有关（远古的箭尾都是用羽毛制作的）。徐灏说："羿风，犹言御风也。羽箭御风，善射者因以为号。"另一个"羿"字收在弓部，写作"帠"，《说文·弓部》："帠，帝喾射官。夏少康灭之。从弓，开声。《论语》曰：羿善射。"段玉裁注："帠与羿，古盖同字。帠，隶变为羿，形旁从弓从羽。"刘宝楠《论语正义》亦云："羿、羿一字，今作羿，隶体省变。"

从汉字造字的形体结构上讲，"羿"字本身就与弓箭有关联。

《说文》所收的两个"羿"字，都保留着弓箭的象形含义。《墨子·非儒》说："古者羿作弓。"《吕氏春秋·勿躬》也说："夷羿作弓。"古之先贤都将羿理解为发明弓箭的神灵。

作为发明弓箭的羿，名"后羿"。此处"后"应该不是羿之姓。

> **后** hòu "后"字，甲骨文作"𒀭"，由"𒀭"（卜，权杖）和"▢"（口，命令）组成，表示发号施令的最高权力者。甲骨卜辞中有的"后"写作"𒀭"（毓，后来也作"育"），表示生育能力强的妇女。

在流行生殖崇拜的母系氏族社会，社会的最高权力掌握在生殖能力强的妇女手中。因此"后"可以理解为在流行生殖崇拜的母系氏族社会发号施令的女王。进入父系氏族社会，最高权力则掌握在能征善战的男性手里。

《说文·后部》："后，继体君也。"段玉裁注："许知为继体君者，后之言后也。开创之君在先，继体之君在后也。"郭沫若根据考证得出结论："后"是包括了开创之君的，不只是"继体"之君，而且"用后之例均限于先公先王，其存世者则称王而不称后"。他还进一步指出："母权时代，族中最高之主宰为母，而母氏最高之属德为毓，故以毓为王母之称……后乃母权时代女性酋长之称谓。"

可见，"后"在古代指君王或酋长。《尔雅·释诂》："后，君也。"徐锴《说文解字系传·通论》："古谓官长曰后。"《左传·襄公四年》："有穷后羿。"杜预注："后，君也。"杨伯峻《春秋左传注》："后，君也。即当时酋长。""后"表示君王或酋长，经常在名前加"后"，"后"有表示身份的作用。《国语·周语》："昔我先世后稷，以服事虞夏。"韦昭注："后，君也。稷，官也。""后羿"之"后"与"后稷"之"后"用法相同。"后羿"就是发明弓箭的羿民族的君王。

后羿功业流芳后世，成为万民敬仰的英雄。关于他射箭所追求的精湛技艺，历代典籍多有称颂。《论语·宪问》："羿善射。"后羿不仅善于射，而且精于射。羿神射的本领，是他经过刻苦勤奋而练就的。有一则传说讲到：一次，羿与友人吴贺北游，见一只小雀飞过，吴贺请羿搭弓射雀。羿问道："汝要其命乎？"吴贺答曰："吾要中其左目。"结果羿箭出射中了右眼。羿深耻自己箭法不精，更加勤练射技，练就了不论是高处的、远处的、细小的，还是运动的、静止的，甚至是听到的物体都能百发百中、精准无误。《庄子·庚桑楚》言："一雀适羿，羿必得之。"一只小雀飞过，羿必定会箭起雀落。《管子·形势解》亦云："羿，古之善射者也。调和其弓矢而坚守之，其操弓也，审其高下，有必中之道，故能多发而多中。"据《韩非子·说林》介绍，羿练习弓箭时，人们都争着替他举箭靶子，可见羿的箭法是何等精准。

陈江风在《后羿射日神话中的潜在含义与现代意义》中写

道："正因为后羿具有'一雀适羿，羿必得之'的追求，做事务求其精，才能够掌控'必中之道'，百发而百中。当今之时，人浮于事，急功躁进者有之；不下苦功，弄虚作假者有之；攀龙附凤，巧取豪夺者有之，追求的多是舍本逐末的小伎俩，缺少后羿力求其善的精神。因此，在建设社会主义新文化的当今之时，需要大力提倡和躬行后羿务求其善之精神。"

4. 与后羿射日相关的"晋"字解析

**晋（晉）**jìn　"晋"字，甲骨文作"𣎆"，会意字。上边像两支箭头朝下的箭矢，下边是"日"，像两支箭一起射向那空中的太阳，有的学者认为"晋"的本义就是指射日之箭。金文写作"𣎆"，承袭了甲骨文的字形。篆文写作"𤇥"，上边由甲骨文、金文的"二矢"变成了"二至"，即"臸"，"至"仍与箭有关系。"至"的甲骨文就是一支箭从空中坠落在地上，"二至"仍然是两箭着地。晋的隶书字形为"晉"、"晉"，将篆文的两个至"𦰗"写成"𦍌"或"至"。

有的学者认为"晋"字是先民为"箭"所设计的初始构形，其造字意义表现了弓箭在先民观念中的神灵之性——射日。而且中国自黄帝时代起就有射礼，商代也有武丁射天、射阳的传说。

射礼具有很强的华夏民族精神，我国古代教育家孔子极力推崇射礼，并把"射"作为培养学生的必修课，历史上的"六艺"，其中就有称为"射"的课程。可见"射"的礼制在我国有着坚实的社会基础。

也有学者认为，古"晋"字正是先民根据后羿射日的传说创制的，它生动再现了后羿射日的宏伟景观。"晋"字的创制，反映了后羿射日故事流传的真实性。这是因为后羿射日的神话反映了古人的一种观念：箭有了射日的神功，故而人们提到"箭"，就要把它与"日"联系起来，自然想到后羿射日的故事。因此，古人以"二矢"造"晋"字也是非常自然的。

"晋"的初始构形为"二矢射日"，并含有前进之义。《说文·日部》："晋，进也。日出万物进。从日，从臸。"因此"晋"引申为前进、升级之义，如"晋京"、"晋级"等。

# 参考文献

［1］安子介编著：《解开汉字之谜》，香港：瑞福有限公司1990年版。

［2］白寿彝主编：《中国通史》，上海：上海人民出版社1989年版。

［3］丁山：《中国古代宗教与神话考》，上海：龙门联合书局1961年版。

［4］［德］恩斯特·卡西尔著，黄龙保、周振选译：《神话思维》，北京：中国社会科学出版社1992年版。

［5］（清）桂馥：《说文解字义证》，北京：中华书局1987年版。

［6］郭锡良编著：《汉字古音手册》，北京：北京大学出版社1986年版。

［7］何九盈、胡双宝、张猛主编：《汉字文化大观》，北京：人民教育出版社2009年版。

［8］何新：《诸神的起源》，北京：中国民主法制出版社2008年版。

［9］何星亮：《中国自然神与自然崇拜》，上海：上海三联书

店 1992 年版。

　　[10] 何星亮：《中国图腾文化》，北京：中国社会科学出版社 1992 年版。

　　[11] 拉发格著，刘初鸣编译：《思想起源论》，上海：辛垦书店 1935 年版。

　　[12] 李炳海：《部族文化与先秦文学》，北京：高等教育出版社 1995 年版。

　　[13] 李衡眉：《中国古代婚姻史论集》，长春：吉林文史出版社 1992 年版。

　　[14] 刘志基：《汉字与古代人生风俗》，上海：华东师范大学出版社 1995 年版。

　　[15] 罗竹风：《汉语大词典》（缩印本），上海：汉语大词典出版社 1997 年版。

　　[16] [英] 马林诺夫斯基著，李安宅译：《两性社会学——母系社会与父系社会比较》，北京：商务印书馆 1937 年版。

　　[17] 孟世凯：《商史与商代文明》，上海：上海科学技术文献出版社 2007 年版。

　　[18] 容庚编著，张振林、马国权摹补：《金文编》，北京：中华书局 1985 年版。

　　[19] 王红旗：《神奇的八卦文化与游戏》，北京：中国民间文艺出版社 1989 年版。

　　[20] 闻一多：《神话与诗》，天津：天津古籍出版社 2008

年版。

［21］闻一多：《闻一多全集·楚辞编》，武汉：湖北人民出版社 2004 年版。

［22］吴东平：《汉字文化趣释》，武汉：湖北人民出版社 2001 年版。

［23］（汉）许慎撰：《说文解字》，北京：中华书局 1963 年版。

［24］（汉）许慎撰，（清）段玉裁注：《说文解字注》，上海：上海古籍出版社 1988 年版。

［25］杨伯峻译注：《论语译注》，北京：中华书局 2004 年版。

［26］姚淦铭：《汉字心理学》，南宁：广西教育出版社 2001 年版。

［27］袁珂：《中国神话传说》，北京：中国民间文艺出版社 1984 年版。

［28］袁珂编著：《中国神话传说词典》，上海：上海辞书出版社 1985 年版。

［29］袁珂校注：《山海经校注》，成都：巴蜀书社 1993 年版。

［30］赵国华：《生殖崇拜文化论》，北京：中国社会科学出版社 1990 年版。

［31］周清泉：《文字考古——对中国古代神话巫术文化与原

始意识的解读》（第一册），成都：四川人民出版社 2003 年版。

[32] 中国社会科学院考古研究所编：《甲骨文编》，北京：中华书局 1965 年版。

[33] 朱芳圃：《殷周文字释丛》，北京：中华书局 1962 年版。

[34] 朱芳圃遗著，王珍整理：《中国古代神话与史实》，郑州：中州书画社 1982 年版。

[35] 程水金：《〈大雅·生民〉后稷弃因旁证》，《武汉大学学报》（人文社会科学版）2000 年第 2 期。

[36] 高有鹏：《论中国神话时代的基本划分——以盘古、女娲、伏羲三个神话时代为例所做的历史文化考察》，《河南大学学报》（社会科学版）2002 年第 5 期。

[37] 关长龙：《中国日月神话的象征原型考述》，《浙江大学学报》（人文社会科学版）2003 年第 3 期。

[38] 何飞燕：《后稷弃孕生及其被弃传说故事新考》，《殷都学刊》2006 年第 4 期。

[39] 胡厚宣：《甲骨文所见商族鸟图腾的新证据》，《文物》1977 年第 2 期。

[40] 黄晓斧：《从汉字中查考中国古代神话的史实》，《中华文化论坛》2009 年第 3 期。

[41] 霍建瑜：《羿说考异》，《山西大学学报》（哲学社会科学版）2007 年第 1 期。

［42］刘夫德：《盘古考》，《文博》2009 年第 2 期。

［43］马世之：《商族图腾崇拜及其名称的由来》，《殷都学刊》1986 年第 1 期。

［44］马学良：《汉藏语系语言对于加深汉语研究的作用》，《中国语文》1989 年第 6 期。

［45］麦小宇：《"雷神"小考》，《安徽文学》2009 年第 1 期。

［46］王福利：《夸父逐日神话新解——从"入日"一词的训诂说起》，《甘肃社会科学》2007 年第 6 期。

［47］王兴芬：《唐前"虹"传说的文化内涵》，《甘肃理论学刊》2012 年第 5 期。

［48］王宇信：《仓颉"始作文字"的传说及其史影》，《南方文物》2007 年第 4 期。

［49］吴锐：《"禹是一条虫"再研究》，《文史哲》2007 年第 6 期。

［50］杨堃：《女娲考——论中国古代的母性崇拜与图腾》，《民间文学论坛》1986 年第 6 期。

［51］臧克和：《〈说文解字〉中的"夸父"意象》，《学术研究》1995 年第 5 期。

［52］晁福林：《说殷卜辞中的"虹"——殷商社会观念之一例》，《殷都学刊》2006 年第 1 期。

［53］张开焱：《鲧的原初性别：女神还是男神？——屈诗释

读与夏人神话还原性重构之四》,《东方丛刊》2008 年第 1 期。

[54] 张玉勤:《神农、炎帝、黄帝关系辨》,《山西师大学报》(社会科学版) 1990 年第 3 期。

[55] 周丙华:《甲骨文"虹"字文化考释》,《中国文化研究》2009 年第 1 期。